LE GRAND VOYAGE
D'ALAIN GERBAULT

T0382320

LE GRAND VOYAGE
D'ALAIN GERBAULT

COMPILED FROM THE THREE VOLUMES

Seul à travers l'Atlantique, A la poursuite du soleil, Sur la route de retour

AND EDITED WITH A GLOSSARY

by

G. C. HARPER, M.A.

SENIOR FRENCH MASTER
BEDFORD SCHOOL

CAMBRIDGE
AT THE UNIVERSITY PRESS
1932

CAMBRIDGE
UNIVERSITY PRESS

University Printing House, Cambridge CB2 8BS, United Kingdom

Cambridge University Press is part of the University of Cambridge.

It furthers the University's mission by disseminating knowledge in the pursuit of
education, learning and research at the highest international levels of excellence.

www.cambridge.org
Information on this title: www.cambridge.org/9781107487277

© Cambridge University Press 1932

First published 1932
First paperback edition 2015

A catalogue record for this publication is available from the British Library

ISBN 978-1-107-48727-7 Paperback

CONTENTS

ILLUSTRATIONS

PREFACE

This edition of Alain Gerbault's account of his solitary voyage has been prepared in the belief that those who learn French in British schools will not be discouraged by a few technical terms of the sea. I hope that the inclusion of a number of diagrams, in which various parts of the ship are named in French and English, will be of assistance; the harder phrases are translated at the foot of each page and a map of the whole voyage has been prepared specially for this edition. The glossary excludes only those words which a student of French normally learns in the first and second years.

The immense human achievement of sailing an 8-ton yacht round the world single-handed needs no emphasising. "Cet exploit extraordinaire est à peine croyable" (writes the Arctic explorer, Doctor J.-B. Charcot), "mais reste un fait indiscutable. Les commentaires sont inutiles."

My thanks are especially due to Monsieur Alain Gerbault; to his publisher, Monsieur Bernard Grasset, of Paris, who has cordially helped in the production of this edition, compiled from the three volumes of the French original; to my colleague, Rev. H. C. Perry, and to my pupil, Mr D. A. Willis, for their advice on the technicalities of sailing.

G. C. H.

BEDFORD,
December, 1931.

PLANS OF THE *FIRECREST*

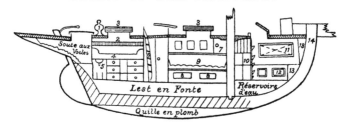

VERTICAL SECTION

1. Compass	6. Companion	11. Folding bedstead
2. Books	7. Cupboards	12. Chests
3. Hatches	8. Chests	13. Cupboards
4. Bunks	9. Sofa	14. Stem
5. Wash-stand	10. Galley	

COUPE VERTICALE

1. Boussole	6. Échelle	11. Cadre pliant
2. Livres	7. Armoires	12. Coffres
3. Clairevoies	8. Coffres	13. Placards
4. Couchettes	9. Sofa	14. Étrave
5. Lavabo	10. Cuisine	

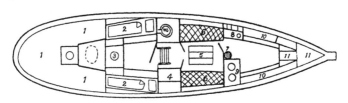

HORIZONTAL SECTION

1. Sail-locker	5. Table	9. Stoves
2. Bunks	6. Sofas	10. Chests
3. Wash-stand	7. Mast	11. Cupboards
4. Cupboard	8. Pump	

COUPE HORIZONTALE

1. Soute aux voiles	5. Table	9. Réchauds
2. Couchettes	6. Sofas	10. Coffres
3. Lavabo	7. Mât	11. Placards
4. Placard	8. Pompe	

SECTION OF THE CABIN FACING THE BOWS

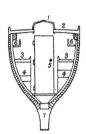

1. Hatch
2. Deck
3. Bunks
4. Drawers
5. Doors
6. Books
7. Keel

COUPE DE LA CABINE
Regardant vers l'avant

1. Clairevoie
2. Pont
3. Couchettes
4. Tiroirs
5. Portes
6. Livres
7. Quille

SECTION OF THE CABIN FACING AFT

1. Deck
2. Stove
3. Chest
4. Fresh water
5. Saloon door
6. Freshwater pump
7. Mast

COUPE DE LA CABINE
Regardant vers l'arrière

1. Pont
2. Réchaud
3. Coffre
4. Eau douce
5. Porte sur le salon
6. Pompe à eau douce
7. Mât

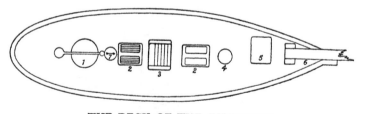

THE DECK OF THE *FIRECREST*

1. Sail-locker
2. Hatches
3. Companion
4. Mast
5. Fo'c'sle hatch
6. Bowsprit
7. Compass

LE PONT DU *FIRECREST*

1. Soute aux voiles
2. Clairevoies
3. Descente
4. Mât
5. Panneau du poste avant
6. Beaupré
7. Boussole

LE GRAND VOYAGE
D'ALAIN GERBAULT

J'ai passé la plus grande partie de ma jeunesse à Dinard, près du port de pêche qu'est Saint-Malo, le pays des fameux corsaires, gloire de notre marine, il y a deux cents ans. Lorsque mon père ne m'emmenait pas avec lui sur son yacht, je m'arrangeais toujours pour passer la journée sur la barque d'un pêcheur.

C'est à Saint-Malo que les rudes pêcheurs bretons équipent leurs bateaux pour les voyages périlleux aux bancs de Terre-Neuve, ou aux zones poissonneuses d'Islande.

Déjà mon ambition était de posséder une petite embarcation. Une fois, mon frère et moi avons économisé assez d'argent pour acheter un bateau dont un autre se rendit propriétaire avant nous.

Après mes heureuses années d'enfance à Dinard, on m'envoya à Paris pour mes études et je devins interne à Stanislas. C'est là que je passai les années les plus malheureuses de ma vie, enfermé entre de hauts murs, rêvant de vaste monde, de liberté et d'aventures. Mais il fallait étudier pour devenir ingénieur.

La guerre survint.

J'entrai dans l'aviation. Après avoir éprouvé l'ivresse de l'espace sur mon appareil de chasse, à travers les nuages, je savais que je ne pourrais jamais plus mener dans une cité une existence sédentaire. La guerre me fit sortir de la civilisation. Je n'aspirai plus à y retourner.

Abandonnant ma carrière d'ingénieur, je cherchai, une année durant, dans tous les ports français, un bateau dont je pusse assurer la manœuvre sans aide. Je découvris à l'ancre, dans un port anglais, un petit bateau. C'était le *Firecrest*.

The Firecrest *is an 8 ton Essex-built cutter, launched in 1892, and over 30 years old when Gerbault buys her. Her length is only 36 feet and her draught 6 feet—probably the smallest boat that has ever crossed the Atlantic.*

Mon bateau est ma seule résidence. J'ai à bord tous les objets familiers que j'aime, mes prix de tennis et mes livres. Qu'importe s'il n'y a pas de vent! Je ne suis pas pressé.

Je n'ai pas grand'place à bord, mais je puis transporter quatre mètres de littérature, ce qui signifie environ deux cents volumes. Ma bibliothèque est donc forcément limitée, c'est pourquoi mes livres sont tous des livres d'aventure ou de poèmes.

Lorsque je veux classer mes auteurs préférés, je pense toujours à la manière dont ils ont compris la mer. Le marin qui est en moi critique toujours l'écrivain, et seuls me plaisent entièrement ceux qui furent à la fois de grands marins et de grands poètes.

Gerbault sails the Firecrest *across the Bay of Biscay in terrible weather, into the Mediterranean and so to Cannes, where he makes all preparations for his Atlantic crossing.*

Ce fut pour mon plaisir et pour me prouver à moi-même que je pouvais le faire que j'entrepris mon voyage d'Amérique. Pendant plus d'un an, je m'entraînai physiquement, croisant par tous les temps, me préparant à manœuvrer seul les voiles. Ce n'est que lorsque je me sentis prêt et que je fus certain de pouvoir supporter la fatigue morale et physique, que je partis pour la grande aventure.

Maintenant, le marin est plus ou moins un mécanicien conduisant un train sur l'eau. Les voiliers de commerce font graduellement place aux vapeurs. Seuls, quelques amoureux de la mer continuent la tradition de manier les voiles et les cordages sur les grands océans.

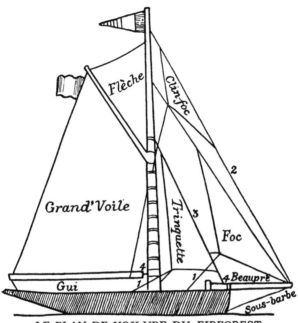

LE PLAN DE VOILURE DU *FIRECREST*
(Dessiné par Alain Gerbault)

1.	Écoute	sheet
2.	Étai de flèche	topmast-forestay
3.	Bras d'étai	forestay
4.	Point d'amure	weather-tack
	Grand'Voile	mainsail
	Flèche	topsail
	Gui	boom
	Foc	jib
	Clin-foc	jib-topsail
	Trinquette	foresail
	Beaupré	bowsprit
	Sous-barbe	bobstay

Maître de mon navire, je voguerai autour du monde, ivre de grand air, d'espace et de lumière, menant la vie simple de matelot, baignant dans le soleil un corps qui ne fut pas créé pour être enfermé dans les maisons des hommes.

The Firecrest *leaves Cannes in sunny weather and strong wind.*

Nous nous élançons vers le large. Une fois sortis de la baie abritée, les vagues et le vent augmentent. Le *Firecrest* [1]donne une forte bande[1], l'écume jaillit sur le pont et je suis trempé par les embruns, mais j'ai le cœur en joie, et comme l'étrave du *Firecrest* fend les flots, je chante le refrain d'une complainte de pêcheurs bretons :

>   La bonne sainte lui a répondu : il vente.
>   C'est le vent de la mer qui nous tourmente.

The wind freshens to a gale which continues all the way to the Balearic Islands.

Le 1er mai, sixième jour de mon départ de Cannes, je devais, d'après mes observations, me trouver à proximité de la terre. Quoique ce fût loin d'être ma première expérience, j'étais très intéressé. Après quelques jours entre le ciel et l'eau, un atterrissage est toujours passionnant. Il semble miraculeux que la vue de la terre vienne confirmer les calculs et que la terre soit exactement où elle doit se trouver.

Montant au haut de la mâture, j'aperçus vers midi un petit cône, puis plusieurs autres sortir de l'eau exactement où ils devaient apparaître. C'était la terre. Ma navigation était correcte. Je me sentis fier, bien que le travail du navigateur ne soit rien sur un petit navire, en comparaison du travail du matelot. Un profane aurait pu croire que ces cônes étaient autant d'îles différentes, mais je savais que c'étaient des pics d'environ mille mètres de hauteur dont les bases se rejoignaient sous l'horizon. Là, à quarante

---

[1] Heels hard over.

milles de distance, était Minorque, la deuxième des îles
Baléares.

A calm passage to Gibraltar follows.

Pendant les quinze jours que je passai à Gibraltar, je
travaillai dur, préparant ma longue traversée. Les auto-
rités britanniques furent fort obligeantes et me donnèrent
la permission d'utiliser les ouvriers de l'arsenal.

Enfin, tout fut prêt, j'étais "paré". Avant d'appareiller,
j'envoyai à quelques amis la carte postale suivante:
  300 litres d'eau;
  40 kilos de bœuf salé;
  30 kilos de biscuit de mer;
  15 kilos de beurre;
  24 pots de confiture;
  30 kilos de pommes de terre;
avec une petite flèche pointée vers un but mystérieux et
cette vague indication: 4500 milles.

Je désirais qu'en cas d'insuccès ma tentative demeurât
ignorée, et si quelques amis savaient que j'étais parti pour
une longue croisière, deux intimes seuls connaissaient mon
projet de tenter la traversée de l'Atlantique sans escale.

Jamais personne n'avait tenté seul la traversée de l'Atlantique nord de l'est à l'ouest.

*Africa drops below the horizon. The first trade winds and
flying fish. Repairs to the sails and rigging often necessary.*

Je quittai donc Gibraltar le 6 juin à midi. Il faisait très
beau. Laissant derrière moi le port, et poussé par une
brise légère, j'étais étendu sur le pont, rêvant des jours qui
allaient venir.

J'avais une confiance absolue dans mon vaillant navire
et ma navigation. J'envisageais avec joie mon passage dans
[1]les vents alizés[1] où je trouverais un soleil ardent et les
_____
[1] Trade winds.

poissons volants des mers tropicales. Je jetai mes derniers regards à la terre, au roc de Gibraltar étincelant de soleil.

Voici quelle était la routine de ma vie dans ces premiers jours de vents alizés. Le matin, à 5 heures, je sautais de ma couchette pour cuire mon déjeuner qui comportait invariablement du porridge, du lard, du biscuit de mer, du beurre salé, du thé et du lait stérilisé.

Je découvris bien vite que j'avais été volé par certains fournisseurs de Gibraltar qui m'avaient vendu un baril de bœuf salé dont la partie supérieure contenait d'excellents morceaux, mais dont le reste n'était qu'os et graisse. De même, j'avais commandé une marque connue de thé, et le thé qu'on me livra était un mélange de très pauvre qualité.

Ceci, d'ailleurs, fut une bonne leçon pour moi; à l'avenir je ne me fierai plus qu'à moi-même et inspecterai minutieusement toute la nourriture que j'embarquerai à bord.

Je faisais la cuisine sur un réchaud Primus à pétrole dans [1]le poste d'équipage[1]. Ce réchaud est suspendu au cardan de manière que les casseroles restent horizontales quelle que soit la position du bateau. En pratique, le gîte du navire était souvent si grand que la poêle à frire tombait du réchaud, inondant mes jambes nues d'huile bouillante.

Il était, dans une tempête, souvent très difficile de faire la cuisine. Il y avait loin, loin de la coupe aux lèvres, et le bœuf salé couvrait maintes fois le plancher, et dans un bateau si étroit qu'un gros marin ne pourrait s'y retourner qu'avec peine, il est difficile de se mouvoir sans entrer parfois fort brutalement en contact avec les parois du navire.

A 6 heures, j'allais sur le pont, [2]déroulais le tour de ma grand'voile, abandonnais la cape[2] et reprenais ma course vent arrière.

[1] The fo'c'sle.
[2] Was letting out the reef in my mainsail, getting under way and back on my course with the wind astern.

Pendant douze heures consécutives, je tenais la barre et, dans les vents alizés, je couvrais de 50 à 90 milles marins par jour. Cette moyenne est excellente pour un yacht de 8 tonneaux. Avec un équipage de deux hommes et des vents plus favorables, j'aurais certainement fait plus de 100 milles de moyenne par vingt-quatre heures.

Pendant ces douze heures de barre, dans les vents très frais, je devais exercer une attention soutenue. Il ne m'etait pas possible de lire, et cependant, je ne m'ennuyais jamais. J'admirais la beauté de la mer et des vagues, la tenue de mon navire, et disais tout haut les œuvres de mes poètes préférés.

Quand venait la nuit, j'étais mort de fatigue. Je réduisais la surface de voilure de la grand'voile, [1]mettant mon navire à la cape[1], attachant la barre. Je préparais mon deuxième repas de la journée, qui consistait habituellement en bœuf salé et en pommes de terre bouillies dans l'eau de mer, dont elles prenaient une délicieuse saveur. L'air marin me donnait un appétit féroce et naturellement, je ne pouvais me plaindre de mon cuisinier.

Enfin je tombais épuisé dans ma couchette et dormais durement bercé par les vagues.

Je pris bien vite l'habitude de dormir d'un sommeil très léger. Allongé sur ma couchette, la tête contre les parois du bateau, l'eau à quelques centimètres de mes oreilles, je pouvais apprécier la vitesse du navire par le bruit de l'eau contre ses flancs.

Par le mouvement du navire, la proportion de tangage ou de roulis, je savais immédiatement que le *Firecrest* avait changé sa position par rapport au vent, et je venais sur le pont modifier l'angle de la barre du gouvernail.

Pendant soixante jours je n'avais parlé à aucun être vivant. Les lecteurs de ce récit peuvent penser que cette période de solitude me sembla très dure à supporter: il n'en était rien. Le fait que je n'avais personne à qui parler

---

[1] Heaving to.

ne me troublait jamais. J'étais accoutumé à être moi-même mon seul compagnon: mon bonheur tenait en effet à la grande fascination que l'océan exerçait sur moi.

La plupart du temps, j'étais très occupé à réparer les ravages du vent dans mes vieilles voiles. Elles s'ouvraient constamment le long des coutures et je travaillais sur un pont glissant et incliné sur lequel je devais me tenir en équilibre.

J'aurais pu faire des voiles neuves complètes avec beaucoup moins de travail, si j'avais transporté la toile de rechange necéssaire; mais j'en avais juste assez pour réparer les déchirures. Ma provision d'aiguilles diminuait et j'avais peur de manquer de fil avant mon arrivée au port.

En raison du mauvais état de mes voiles j'avais souvent à les changer. Les amener et les hisser suivant les différentes conditions du vent représentait déjà suffisamment de travail, mais j'avais en outre à amener souvent une voile pour la réparer et, ensuite, en hisser une autre à sa place.

D'autre part, j'avais deux ou trois repas à cuire par jour. J'avais peu de temps pour la lecture, quoique [1]la bibliothèque du bord[1] fût abondamment fournie de livres d'aventures maritimes. La nuit j'étais trop fatigué pour lire et je tombais dans ma couchette à moitié endormi. Mon sommeil était fort léger, car, au moindre changement de vent, je devais monter sur le pont pour modifier l'angle de la barre.

Fifteen days out from Gibraltar and more than a quarter of the Atlantic crossing accomplished. Then an alarming discovery.

A mon départ de Gibraltar, j'emportais trois cents litres d'eau douce contenus dans deux réservoirs en fer galvanisé et trois barils de chêne. Ayant épuisé l'eau de mes réservoirs en fer, je découvris que l'eau de mes deux barils de chêne avait pris une teinte rouge sombre, était devenue

---

[1] The ship's library.

saumâtre et, même bouillie et filtrée, absolument imbuvable. Ces deux barils étaient construits en bois trop neuf
et l'acide tannique du chêne avait complètement cor-
rompu l'eau.

Il me restait environ 50 litres d'eau et j'étais à 2500
milles de New-York. Si j'avais fait cette découverte trois
jours plus tôt, il pleuvait à torrents et j'aurais pu laver et
remplir mes barils avec de l'eau de pluie. J'étais maintenant presque sous les tropiques et pouvais fort bien
rester plus d'un mois sans pluie.

Ce fut seulement plus de trois semaines après la découverte de ma perte d'eau potable que je pus attraper un
tout petit peu d'eau dans mes voiles. Dans la nuit du 17
juillet, une petite pluie tomba, et je pus recueillir environ
un litre d'eau. Je pris un bain sous la pluie dont je goûtai
fort la fraîcheur.

Dans le jour, sous le soleil torride des tropiques, je
m'aspergeais fréquemment d'eau de mer avec un seau de
toile, mais l'effet passait très vite et j'avais bientôt aussi
soif qu'avant.

From bad to worse.

Il fait chaud, trop chaud; ma soif augmente; j'ai la
fièvre et ma gorge est très enflée. Du baril de bœuf salé
monte une odeur insupportable. Vais-je aussi manquer de
viande?

Je scrute anxieusement l'horizon cherchant des nuages
de pluie, mais le ciel est clair et le baromètre très haut. Ne
pleuvra-t-il jamais?

An extract from his log at this time.

"Très chaud et terriblement soif. Aimerais nager
autour de mon bateau mais, en raison de la fièvre dont je
souffre, j'abandonne ce projet. J'ai certainement perdu les

vents alizés. Pour la seconde fois, le vent est exactement à l'opposé de ce qu'il devrait être d'après la carte. Je suis seulement au 29e degré de latitude et le *Firecrest* roule dans un calme plat. Sans les promesses mensongères de la carte des vents, je serais allé beaucoup plus au sud et j'aurais rencontré des vents favorables."

Relief comes at last.

Des nuages sombres se rassemblèrent vers l'occident, la nuit du 4 août. Dans la pénombre, ils se levaient majestueusement au-dessus de la mer comme d'immenses montagnes noires, semblant vouloir écraser mon petit navire dans un affreux désastre.

Mais je pouvais rire en face d'eux, car je connaissais la robustesse de mon vaillant *Firecrest*. Qu'importe la tempête, si je peux avoir de l'eau.

Bientôt j'entendis le bruit des gouttes précipitées sur le pont et je me souvins du vieux proverbe de marin qui recommande de se méfier quand la pluie arrive avant le vent; mais le *Firecrest* était prêt à tout. L'orage arriva comme un tourbillon et [1]coucha presque entièrement mon navire[1]; mais, quand le premier coup de vent passa, je fus capable, en utilisant ma grand'voile comme une sorte de poche, de recueillir l'eau de pluie que je laissai s'écouler dans un baril au pied du mât. Les grains continuèrent toute la nuit. Je parvins à recueillir plus de 50 litres. C'était plus important pour moi que la pêche. Je me sentais maintenant assuré de ne jamais manquer de nourriture ni d'eau, car le ciel et la mer m'apportaient l'un et l'autre.

J'étais tout à fait satisfait, même heureux. Je n'avais aucune hâte d'arriver à New-York et je me sentais chez moi sur l'océan.

Après avoir été à court d'eau pendant un mois, j'en avais tant maintenant que je ne pouvais plus la garder hors

[1] Put my ship almost on her beam-ends.

de mon navire; il était impossible d'empêcher la forte
pluie et l'écume de mer de trouver un passage à travers les
toiles qui fermaient [1]la soute aux voiles[1].

L'eau était maintenant au niveau du plancher dans la
cabine, et, quand le *Firecrest* [2]s'inclinait sur un bord[2],
elle sautait dans les tiroirs et les couchettes, mouillant et
gâtant tout.

*The salt beef has gone bad and has been thrown overboard,
attracting three big fish which increase the food supply.*

Nageant à quelques mètres de la surface, dans l'ombre
du *Firecrest*, était un trio de daurades qui sont d'énormes
poissons du genre maquereau dépassant souvent un
mètre de longueur.

Deux semaines auparavant j'avais jeté mon bœuf salé.
Je n'avais pas goûté de nourriture fraîche depuis mon
départ de Gibraltar et, seuls, quelques poissons volants
m'avaient permis de changer mon régime. Et là, nageant
près de moi, il y avait plusieurs kilogrammes de poisson
frais.

Sortant un hameçon et une ligne, j'essayai d'en attraper
un, employant comme appât un petit poisson volant, mais
ils n'y firent aucune attention. Et pourtant, en avant de
mon bateau, les poissons volent et les daurades sautent
après. Les gros sont rapides comme l'éclair et les poissons
volants n'ont qu'une très faible chance d'échapper, car
au-dessus d'eux les albatros les guettent du haut des airs.

Si les daurades se nourrissent de poissons volants, pourquoi ne mordent-elles pas les miens? Cette extrême timi-
dité de la daurade avait été remarquée par deux de mes
amis dans leur traversée de l'Atlantique.

Et pourtant je désire ces poissons et j'ai besoin d'en
prendre un, mais comment? J'essaie de les tirer à la carabine, mais ils coulent si rapidement que même si le bateau
ne remuait pas je ne pourrais pas les attraper en plongeant.

_____

[1] The sail-locker.   [2] Heeled over.

Je me demande si je pourrai en prendre un avec mon harpon à trois branches, mais ils restent toujours hors de mon atteinte.

Découragé, j'abandonnai mon projet et je m'assis sur le bord de mon navire, plongeant les pieds nus dans l'eau. C'est alors que l'inattendu arriva : trois daurades se précipitèrent vers mes pieds. Elles furent rapides, mais je fus plus rapide encore. J'en perçai une de mon harpon et bientôt j'avais un poisson de près d'un mètre sur le pont.

C'était de la nourriture fraîche à profusion et je savais maintenant la manière de m'en procurer.

Les daurades sont d'excellents poissons, mais elles n'ont pas la saveur délicieuse de leurs frères ailés dont elles se nourrissent presque exclusivement. Souvent je trouvais dans leur estomac les restes de nombreux poissons volants.

Ce fut à cette époque que je découvris une curieuse espèce d'algues sur les flancs de mon bateau ; elles avaient l'apparence de fleurs noires et blanches attachées à [1]la coque[1] par une longue tige flexible. Ceci m'explique pourquoi tant de poissons suivaient le *Firecrest* ; en mer, ils escortent toujours les navires dont [2]la carène[2] est sale.

Adventures in a storm.

Le *Firecrest* roulait effroyablement. Les vagues étaient très hautes et tout cassait à bord depuis le matin. Un grand trou fit son apparition dans [3]la trinquette[3]. Je venais de la rentrer à bord, quand [4]la drisse de foc[4] se brisa et la voile tomba par-dessus bord.

Marchant sur [5]le beaupré[5] pour essayer de la remonter, je mis mon pied sur [6]les arcs-boutants de beaupré[6], quand l'un des [7]haubans[7] se brisa sous moi et je tombai à la mer. Je fus assez heureux pour attraper [8]la sous-barbe[8], et

[1] Hull.	[2] Keel.	[3] Foresail.
[4] Jib-halyard.	[5] Bowsprit.	[6] Bowsprit-supports.
[7] Shrouds.	[8] Bobstay.	

regagnai le pont. J'en fus quitte pour un bain forcé de quelques secondes, mais mon navire faisait à ce moment plus de 3 milles à l'heure, et si je n'avais eu la chance de trouver la sous-barbe sous ma main, je restais seul en plein océan.

J'étais debout à 4 heures, le lendemain matin, juste à temps pour amener la grand'voile devant un fort coup de vent qui faisait tourbillonner l'écume à la surface de la mer et aurait sûrement déchiré toute ma toile.

Il faisait un sale temps, vraiment. Un vent vicieux poussait devant lui d'énormes vagues avec des crêtes moutonneuses. Quand mon navire plongeait au milieu d'elles, il ensevelissait son avant sous un tourbillon d'écume qui volait dans les voiles et courait le long du pont pour s'écouler à l'arrière.

Le *Firecrest* plongeait dans l'écume comme s'il voulait se faire sous-marin, et se couchait lourdement sous les coups de vent; la tempête soufflait droit de la direction où je désirais aller, et le côtre avait à combattre pour chaque mètre qu'il gagnait.

Danger is over.

Ayant échappé au danger du vendredi 13, je me sentis prêt à faire face à tout, le jour suivant. C'était la fête nationale, et je hissai les couleurs françaises et le pavillon du Yacht-Club de France, dont je suis membre.

Skilled work at sea.

Je trouvais beaucoup plus essentiel d'être un bon matelot, d'être capable de réparer mes voiles et mes cordages que de prendre ma latitude et ma longitude.

Je crois qu'un marin qui ne saurait pas trouver sa position pourrait traverser l'océan seul, à condition de savoir manier son navire. Naviguant droit vers l'ouest à la boussole, il ne manquera pas l'Amérique. Il devra la rencontrer quelque part.

En prenant une observation, le navigateur d'une petite embarcation doit se tenir aussi haut que possible au-dessus du pont pour diminuer l'erreur d'observation; au lieu de regarder le soleil ou une étoile, on regarde à travers le télescope du sextant vers l'horizon et l'on voit dans un miroir la réflexion de l'astre.

Une fois que l'observation est prise, il ne faut que quelques minutes pour trouver la position. J'utilisais un sextant et un chronomètre. Ayant des connaissances mathématiques suffisantes, j'employais les plus modernes procédés de navigation qui sont adoptés sur les paquebots et dans la marine de guerre.

La difficulté est de prendre une observation dans une tempête et par une forte mer, car le pont glisse sous les pieds et le navire roule et tangue fortement; les deux mains sont nécessaires pour tenir le sextant et le navigateur solitaire doit se maintenir avec ses pieds pour ne pas tomber à la mer. C'est alors qu'il me fut très utile d'être toujours pieds nus.

Je suis prêt, l'instrument en mains. Où est l'horizon? Une vague énorme apparaît dans mon champ de vision et l'horizon semble subitement s'être élevé verticalement vers le ciel. C'est seulement, lorsque je suis au sommet d'une vague, que je peux voir l'horizon réel. Avant d'avoir pris mon observation, une nouvelle vague se brise à bord et moi et mon sextant disparaissons dans l'écume. La minute suivante, j'ai pris l'observation, mais j'ai perdu mon équilibre et je dois tout lâcher pour ne pas passer par-dessus bord. Enfin l'observation est prise et je peux me précipiter dans la cabine pour noter l'heure au chronomètre.

Maintenant je n'ai plus qu'à consulter mes tables de navigation; mais il faut encore avoir quelque esprit mathématique pour être capable de calculer pendant la tempête, au milieu des fortes secousses du navire.

Certainement, sur un petit bateau, si l'on peut trouver sa

position à dix milles près, on peut se flatter d'avoir une excellente approximation.

The hurricane north of the Bermudas.

Soudain, je vis arriver de l'horizon une vague énorme, dont la crête blanche et rugissante semblait si haute qu'elle dépassait toutes les autres. Je pouvais à peine en croire mes yeux. C'était une chose de beauté aussi bien que d'épouvante. Elle arrivait sur moi avec un roulement de tonnerre.

Sachant que, si je restais sur le pont, j'y trouverais une mort certaine, car je ne pouvais pas ne pas être balayé par-dessus bord, j'eus juste le temps de monter dans le gréement et j'étais environ à mi-hauteur du mât quand la vague déferla, furieuse, sur le *Firecrest* qui disparut sous des tonnes d'eau et un tourbillon d'écume. Le navire hésita et s'inclina sous le choc et je me demandai s'il allait pouvoir revenir à la surface.

Lentement, il sortit de l'écume et l'énorme vague passa. Je glissai du mât pour découvrir que la vague avait emporté la partie extérieure du beaupré. Retenu par [1]l'étai de foc[1], un amas de cordages et de voiles restait contre les flancs de mon navire et les vagues le poussaient comme un bélier contre [2]le bordage[2], menaçant à chaque coup de percer un trou dans la coque et d'envoyer le *Firecrest* et moi au fond de la mer.

Mais l'énorme vague fut, en réalité, comme disent les marins, une vague de beau temps. Elle marquait le point culminant de la tempête et annonçait l'approche d'un temps plus favorable.

La tempête dura encore quatre jours et, le 22 août, je lis dans mon livre de bord :

"Trois heures, grain ; cinq heures, le vent augmente, vagues déferlent à bord ; huit heures, la mer augmente ; dix heures, fort coup de vent et pluie ; midi, mer très

---

[1] Jib-stay.   [2] (Ship's) side.

agitée. [1]Balancine de bâbord[1] se brise; grand'voile s'ouvre aux coutures. Trois heures, fort coup de vent; quatre heures, vent de tempête, mer démontée; navire se conduit admirablement. Vent ouest, sud-ouest, route nord-ouest. A court de pommes de terre. Eu cinq pommes de terre bouillies pour dîner. Ai dû me contenter de riz. Sept heures, ouragan. Le vent hurle et siffle furieusement. Suis obligé de [2]me mettre à la cape[2]. Ciel très sombre et menaçant vers l'ouest. Rentré foc. La tempête est si furieuse que le foc se déchire dans cette opération. La mer est plus chaude maintenant et je dois être dans le Gulf-Stream.''

Ni les tempêtes, qui déchiraient mes voiles, ni l'eau qui entrait dans la cabine, ni la pluie d'écume qui me fouettait constamment ne pouvaient apaiser mon amour de la mer. Un marin qui traverse seul l'océan doit s'attendre à de durs moments. Les anciens mariniers, qui faisaient le tour du cap Horn, devaient combattre constamment pour leur existence et souffraient plus du froid que moi.

Je savais qu'il était possible qu'un jour le *Firecrest* et moi rencontrions une tempête qui serait trop forte et nous entraînerait au fond ensemble, mais c'est une fin à laquelle tous les gens de mer doivent s'attendre. Est-il d'ailleurs plus belle mort pour un marin?

Nearing America. The steamer-track is the end of solitude.

Cette nuit, le 28 août, j'aperçus pour la première fois, un bateau passant vers l'ouest avec toutes ses lumières. Après plusieurs mois de solitude, c'était une sensation étrange de trouver d'autres navires sur la mer. Je ne me sentais plus seul maître sur l'océan, et je considérais ce paquebot avec un sentiment un peu triste.

J'étais réellement dans la route des vapeurs, car le matin suivant j'en aperçus un autre. Je hissai les couleurs nationales, fier de montrer aux étrangers qu'il y avait encore des marins en France. Le *Firecrest* avait accompli un

---

[1] Port slings.   [2] To heave to.

vaillant voyage; j'en désirais partager les honneurs, avec mon pays. Quand le vapeur fut suffisamment près, je fis des signaux avec mes bras. Voici le message que j'envoyai: "Yacht *Firecrest*, 84 jours de Gibraltar."

Les passagers semblaient très excités et surpris de voir un petit navire et son solitaire équipage, et ils parlaient avec bruit, tous ensemble. Quand je me souviens maintenant que je ne portais presque aucun vêtement et étais entièrement bruni par le soleil, je comprends leur étonnement.

Deux jeunes officiers grecs, couverts d'or comme des généraux sud-américains, s'approchèrent; ils étaient très effrayés de monter à bord avec la houle assez forte, mais, finalement, prirent leur élan et roulèrent à mes pieds.

L'un d'eux me demanda pourquoi je ne gouvernais pas quand le *Firecrest* était contre le vapeur et me dit qu'un capitaine devait toujours rester à la barre. Je lui répondis que s'il était un réel marin au lieu d'un mécanicien à bord d'un train sur l'eau, il saurait qu'un bateau à voiles ne peut gouverner sans vent dans les voiles, et que je n'avais pas traversé seul l'Atlantique pour recevoir des leçons sur la manière de conduire mon bateau.

Je leur dis ensuite que je n'avais pas voulu les arrêter, mais seulement leur demander de transmettre un message à New-York, et je leur traçai mon nom et le nom de mon navire sur un morceau de papier.

L'un d'eux me dit qu'il avait apporté de l'eau et des vivres et me demanda si j'en avais besoin. Je leur répondis que j'avais suffisamment de vivres, mais que néanmoins j'acceptais ce qu'ils avaient eu l'amabilité de m'apporter. Comme mes visiteurs regagnaient leur bord, je découvris que les vivres qu'ils m'avaient apportés ne pouvaient m'être d'aucune utilité. C'étaient trois bouteilles de cognac et des boîtes de conserves que je n'aime pas.

Quelques instants après le vapeur s'éloignait, tous ses émigrants acclamant le *Firecrest*. Je répondis en saluant de mon pavillon.

Bientôt l'horizon était libre et j'étais heureux d'être seul à nouveau.

A water-spout.

Le jour suivant, j'aperçus, pour la première fois dans mon voyage, un des plus étranges spectacles de la mer : une trombe d'eau. Un grain passa à environ un mille de distance emportant un nuage bas et noir. Réunissant ce nuage à l'océan, une colonne d'eau en forme de tire-bouchon tourbillonnait en s'enfonçant dans la mer. C'était un spectacle magnifique, mais il m'était impossible de voir où l'eau commençait, où les nuages finissaient, et je ne puis dire comment le tout s'en alla avec le vent dans un roulement de tonnerre.

The Firecrest *runs into fog and is in great danger from New York shipping. Gerbault is visited by some of the crew of a Boston fishing-smack.*

Un de ses canots, un doris, comme on les appelle à Terre-Neuve, se dirigea vers mon navire, et un pêcheur français de Saint-Pierre sauta à bord. Je ne vous décris pas son étonnement d'apprendre que le *Firecrest* et moi arrivions de France et sa joie de rencontrer "un pays".

Il me demanda de venir à bord et de partager son dîner ; aussi, laissant mon bateau se gouverner lui-même, je partis rendre visite à ces braves gens.

Je sautai à bord de l'*Henrietta* et tombai dans le poisson jusqu'à la ceinture. Tout en regardant le pont et les pêcheurs travaillant au vidage et au nettoyage du poisson, je me souvins des descriptions que j'avais lues dans le fameux livre de Kipling, *Capitaines courageux*.

Ils m'accueillirent en souriant, et j'étais heureux d'être parmi eux et d'entendre l'accent particulier de Boston ; je me sentais beaucoup plus chez moi avec ces pêcheurs qu'avec les Grecs. Ils étaient de vrais marins.

Je descendis dans le poste d'équipage et, pour la première fois depuis quatre-vingt-dix jours, pus goûter du pain frais et de la viande fraîche; ils ont de bons cuisiniers sur ces bateaux de pêche américains. Ils voulaient m'offrir toutes les provisions du bord, mais je refusai presque tout et n'acceptai que du pain et quelques fruits.

Ma visite à l'*Henrietta* fut un intermède plaisant dans mon voyage. J'étais très intéressé par les pêcheurs, autant qu'ils l'étaient eux-mêmes par le long voyage du *Firecrest.*

Gerbault leaves the Henrietta *and has some difficulty in getting back to the* Firecrest *in the fog. He makes for Nantucket.*

Le troisième jour de brouillard je fus très près d'être coulé par un paquebot. Je pouvais entendre sa sirène et le bruit de ses machines et j'avais la sensation qu'il venait droit sur moi; mais le *Firecrest* n'avait pas de vent dans ses voiles et je ne pouvais m'éloigner de sa route.

Que pouvais-je faire d'autre que sonner la cloche du bord et espérer que le vapeur m'entende? Pendant plusieurs minutes il fut fort probable que j'allais partager le destin supposé du capitaine Slocum, le fameux navigateur solitaire qu'on croit avoir été abordé dans la brume, mais finalement le vapeur m'entendit et signala avec sa sirène qu'il tournait vers tribord.

In sight of land.

Ce fut le matin du 10 septembre que je découvris l'Amérique et l'île de Nantucket; la première terre aperçue depuis la côte africaine, quatre-vingt-douze jours auparavant. Contrairement à ce que tout le monde pourrait croire, je me sentis un peu triste. Je comprenais que cela annonçait la fin de ma croisière, que tous les jours heureux que j'avais vécus sur l'océan seraient bientôt terminés et que je serais obligé de rester à terre pendant quelques mois. Je n'allais plus être seul maître bord de mon petit navire, mais parmi les humains, prisonnier de la civilisation.

Le jour suivant, je passai à travers une flotte d'innombrables petits canots de pêche à moteur. Je remarquai aussi quelques rapides chasseurs guettant les contrebandiers d'alcool.

New York harbour.

Pendant deux jours, je fis voile le long de l'île Longue, admirant les magnifiques maisons de campagne et leurs pelouses vertes.

Le détroit se rétrécissait: j'étais maintenant à l'embouchure d'East River. A 2 heures, le matin du 15 septembre, je jetai l'ancre devant le fort Totten; je n'avais pas quitté la barre ni dormi depuis soixante-douze heures. La croisière du *Firecrest* était terminée: cent un jours auparavant j'avais quitté le port de Gibraltar.

J'avais accompli ce que je voulais accomplir.

The Firecrest *is made fast to a pier and becomes a great centre of attraction.*

Je n'étais plus chez moi à bord, et mon domaine était constamment envahi par une foule de visiteurs. Je dus de nouveau me soumettre aux tyrannies de la vie civilisée. Entre autres choses, je me souviens qu'il me fut très pénible de me remettre à porter des souliers.

Dès le lendemain de mon arrivée, les journaux de New-York s'étaient emparés de mon aventure. Il m'était pénible de voir tous les incidents de mon voyage déformés par les reporters. Chaque journal voulait avoir la primeur d'un événement sensationnel. Je fus ainsi très surpris de lire que j'étais resté évanoui pendant trois jours.

Je devins célèbre du jour au lendemain et les lettres et télégrammes commencèrent à me parvenir de toutes les parties du monde en si grand nombre que plusieurs secrétaires m'auraient été nécessaires pour répondre.

Gerbault receives a large number of letters from people in all stations in life who offer him their services on his boat for the rest of his cruise.

En lisant certaines lettres, je reste triste et rêveur, car je devine que leurs auteurs aiment réellement la mer. Je pense à ma tristesse d'être à terre. Je les comprends et les aime comme des frères. Lorsque j'ai refusé la demande de cet ancien matelot, j'ai été fort triste :

" Je regrette la mer, je voudrais parcourir encore ses flots immenses. Je voudrais encore vivre cette vie de matelot avec ses angoisses et ses peines ; c'est pourquoi je vous supplie de m'emmener avec vous. Je supporterai à vos côtés sans me plaindre les angoisses des tempêtes, je voudrais être avec vous pour cette vie sans lendemain. Je ne vous demande rien, je n'emporterai rien, je ne veux rien rapporter. Je vous supplie de me prendre à votre service."

Cette lettre dont je supprime certains passages trop élogieux pour moi est une lettre admirable. C'est une lettre écrite par un vrai marin qui sut décrire simplement son amour de la mer.

En relisant toutes ces lettres que je garderai toujours, je pense que mon geste ne fut pas vain, quand tant d'hommes forts et énergiques n'attendent qu'un mot de moi pour me suivre et m'obéir. Peut-être rendrais-je, en les emmenant, plus de services à mon pays ; mais alors ma croisière ne serait plus mienne et je n'aurais plus la satisfaction d'être le seul matelot de mon navire.

Gerbault has spent nearly a year ashore.

Je me demande ce qui me pousse à reprendre la mer....

La vie était très dure pendant ma traversée. J'eus à supporter d'abord toutes les souffrances de la soif, puis la pluie des ouragans vint torrentielle. Constamment exposée aux intempéries, la peau de mon corps et de mes mains devint si molle qu'il était extrêmement pénible de manœuvrer mon navire. J'avais à peine achevé de réparer mes voiles que la tempête les déchirait à nouveau. Quand les jours de gros temps se suivaient sans accalmie, je ne pouvais ni me reposer, ni réparer les voiles et cordages aussi vite qu'ils cassaient.

Cette lutte perpétuelle de son intelligence et de sa force physique contre la tempête constitue la vie du marin.

October 8, 1924.

Après deux mois d'un travail incessant, le *Firecrest* est prêt et le départ proche. J'ai confiance, car il est maintenant en bonne condition. Le mât neuf est en pin d'Orégon, d'une longueur totale de 14 mètres. Un nouveau beaupré, en pin d'Orégon lui aussi, remplace celui qui fut brisé dans un ouragan. [1]Le gréement dormant[1] en fil d'acier galvanisé, peut supporter un effort de dix tonnes sans se rompre.

Les voiles sont neuves et cousues d'une manière spéciale. Un nouveau réservoir d'eau claire de 200 litres conservera l'eau, mieux que les barils de chêne. La sous-barbe de beaupré et [2]le rouleau pour le gui[2], qui s'étaient brisés pendant ma traversée, sont remplacés par une sous-barbe de bronze et un rouleau en fer galvanisé beaucoup plus solide. La nouvelle grand'voile triangulaire et le gui creux rendront la manœuvre beaucoup plus aisée.

Le *Firecrest* est prêt et le départ est proche. Depuis plus d'un an, je suis à terre. Toutes les difficultés ont été surmontées et je vais bientôt pouvoir repartir.

Provisions and presents are taken on board.

C'étaient des pommes de terre, du riz, du sucre, du savon, du lait condensé, du beurre, de la confiture, du jus de citron contre le scorbut, en tout environ deux mois de vivres, du pétrole pour mes lampes et réchauds.

De nombreux cadeaux avaient aussi été envoyés par

[1] Standing rigging.   [2] Boom-block.

des amis et tout cela, avec de nombreux objets commandés par moi à la dernière heure, s'amoncelait sur le pont qui fut vite encombré. Il y avait des couvertures, des carabines, des cartouches, des livres, un arc et des flèches pour la pêche en haute mer, deux kilomètres de film cinématographique en boîtes étanches, d'innombrables cartes et instructions nautiques. Je devais trouver une place en bas pour tout cela, tout en parlant aux nombreux amis venus pour me dire au revoir, et à de nombreux membres de l'Explorers Club et du Cruising Club d'Amérique. Malgré le secret que j'avais essayé de garder sur mon départ, il y avait aussi des photographes et des reporters.

The Firecrest *is again in the open sea, making for the Bermudas.*

A 11 heures du matin, je quitte Sheepshead Bay, toujours remorqué par le *We Two*. Le baromètre a baissé terriblement pendant la nuit et la matinée. Je m'attends à du gros temps. La mer est dure et houleuse, le remorquage pénible. A midi, la remorque casse et le motoryacht me quitte fort vite en me saluant, car il désire rentrer avant l'arrivée du grain.

Je suis maintenant seul, absolument seul. Je hisse toute ma toile et fais route au sud-est. La mer est houleuse, la brise fraîche et le baromètre en baisse.

A cinq heures du soir, je suis au sud du bateau-feu *Ambrose-Lightship* quand le garde-côtes de Sandy-Hook vient près de moi et me signale l'approche du mauvais temps. Le coucher de soleil est d'un gris inquiétant et de gros nuages noirs s'accumulent vers l'occident. Le vent augmente.

The passage takes 16 days. Bad weather reveals defects in various places including broken rigging and a leaky deck. A steamer strikes the Firecrest *a glancing blow which damages her bowsprit. An overhaul is essential, and Gerbault moves on to Hamilton.*

Dimanche 16 octobre. Tout le jour je louvoie contre un

fort vent debout et je multiplie les observations car les îles
Bermudes sont entourées de récifs de corail qui s'étendent
à plus de quinze milles de la côte nord, et sur lesquels
maints navires sont venus s'échouer. Vers 15 heures, je
découvre la terre devant moi [1]à tribord[1], puis, à la nuit, le
phare de Saint-David. Je continue à louvoyer vers la terre
une partie de la nuit, puis je mets à la cape car le vent
souffle fort et je suis fatigué.

Le lendemain, au petit jour, je n'aperçois plus la terre et
mes observations me montrent que j'ai été déporté à trente
milles au sud-est. Je [2]tire des bords[2] toute la journée
contre une mer très dure. J'embarque toujours beaucoup
d'eau et je dois pomper constamment. Vers 4 heures,
j'aperçois de nouveau la terre après avoir barré toute la
nuit ; je passe au petit jour près d'un destroyer américain
et entre dans le port Saint-Georges.

A 9 heures du matin, après une dure traversée de seize
jours, j'étais à l'ancre dans le port Saint-Georges. A 10
heures j'avais déjà trouvé un calfat, un charpentier et un
forgeron, et les réparations commençaient.

Je quittai donc le port Saint-Georges pour me rendre à
Hamilton, capitale des îles, sur l'île longue, à l'autre extrémité du groupe. Ce fut une navigation fort intéressante,
dans les étroits passages entre les dangereux récifs de
corail, si redoutés autrefois des navigateurs qu'ils avaient
valu aux îles le surnom d'îles du Diable.

Vers 4 heures du soir je jetai l'ancre dans le port Hamilton, au centre d'îles couvertes d'une végétation luxuriante
et qui portaient les noms des premiers colons anglais venus
de Plymouth au commencement du XVIIe siècle.

Mais le *Firecrest* faisait toujours un peu d'eau, et je
décidai de le remettre une nouvelle fois à terre et de terminer par où j'aurais dû commencer en enlevant com-

[1] To starboard.   [2] Tack.

plètement le doublage en cuivre et en refaisant le calfatage
de la coque. Ce fut, cette fois, à l'île Saint-David que je
mis le *Firecrest* à terre. C'était, à mon avis, l'île la plus
belle du groupe, peut-être aussi parce qu'elle était la
moins fréquentée des touristes.

The long stay at the Bermudas gives Gerbault an opportunity
to play tennis and see an American holiday resort.

Cependant, après trois mois d'escale, j'avais la satisfaction de pouvoir lever l'ancre. Cette fois je savais que mon
vieux *Firecrest* était fort et en excellent état, car j'avais
dirigé moi-même tous les travaux.

La population de Saint-David m'intéressait fort par ses
mœurs simples et naïves et parlait un curieux patois anglais
plein d'expressions maritimes. Mon escale fut cependant
attristée par un pénible incident. Un jeune indigène, que
j'employais à bord pour me faire la cuisine pendant les
travaux de réparation, fut grièvement brûlé en allumant un
réchaud à pétrole. Décidément il était préférable d'être
toujours seul et d'assumer moi-même tous les risques et
toutes les responsabilités.

Enfin je pus appareiller le 27 février, suivi de plusieurs
amis qui, dans un canot à moteur, prenaient des photo-
graphies de mon départ. En raison de mon retard, j'avais
décidé de ne pas faire escale aux Antilles et de chercher à
rallier directement l'isthme de Panama.

C'était une navigation exempte d'incidents et j'avais de
nombreux loisirs pour la lecture.

Le 1er avril au soir, la terre était en vue; à 20 heures
j'apercevais le feu de Toro Point et, à 1 heure du matin, je
pénétrais dans le port de Colon. Entre les deux jetées
j'étais ébloui par les nombreuses lumières et j'évitais de
justesse un vapeur qui sortait. Derrière la jetée je mouillais
mes ancres, ayant couvert, en trente-trois jours, les dix-huit
cents milles qui me séparaient des îles Bermudes.

The Panama Canal.

Ce n'était pas sans appréhension que je m'engageais dans le canal. Quatre ans auparavant, j'avais traversé le canal latéral à la Garonne et le canal du Midi, de Bordeaux à Sète, passant plus de cent écluses en trois semaines. Dans ces petites écluses, faites pour des péniches de vingt mètres de long, le *Firecrest* avait subi des dégâts fort importants. Qu'allait-il arriver dans ces immenses écluses de près de quatre cents mètres de long, faites pour des navires en acier de 10,000 tonnes et plus?

Mais, à ma grande surprise, l'eau vint d'en-dessous avec un bouillonnement tumultueux et le *Firecrest* se mit à monter sans à coup comme un ascenseur le long du mur d'acier de l'écluse. Tout ce que j'avais à faire était, à mesure que je m'élevais, [1]d'embraquer le mou des deux aussières[1], qui me retenaient au quai en haut de l'écluse.

Je dois dire que le *Firecrest* reçut une attention toute spéciale. On avait donné des ordres pour que les vannes d'entrée d'eau fussent ouvertes doucement. A chaque écluse une équipe spéciale de travailleurs était alertée pour la manœuvre de mes amarres. Grâce à cette extrême prévenance, le *Firecrest* put traverser le canal sans recevoir une égratignure à sa coque.

Refitting before the Pacific crossing.

Le *Firecrest* n'avait pour ainsi dire reçu aucune avarie entre les îles Bermudes et Colon, et cependant j'avais beaucoup de travail. Il me fallait prévoir un long trajet dans le Pacifique et une durée d'au moins un an avant de trouver un ravitaillement et des chantiers de constructions. La place étant très limitée, il me fallait peser soigneusement tous mes vivres et approvisionnements, trouver de la place pour du cordage neuf, de la toile à voile et des rechanges de toutes sortes. Je commandai aussi par câble à New-York

---

[1] To take in the slack of the two hawsers.

une grand'voile très légère en tissu ballon qui devait être
employée sans gui et me permettre d'utiliser les moindres
souffles de vent dans ma traversée du pot-au-noir.

Souvent, ma dure journée de travail finie, dédaignant
le confort et l'ordre de Balboa, je me rendais à pied dans
la ville de Panama, distante de trois kilomètres. La route
passe devant le cimetière où se trouvent toutes les tombes
des premiers travailleurs français du canal victimes de la
terrible fièvre jaune.

Two months later the Firecrest *sails out of Balboa harbour
into the Pacific.*

Lorsque j'eus besoin de remplir mes caisses à eau, le
motor-launch de l'amiral américain vint prendre le *Firecrest* et le remorquer le long d'une jetée. Les prises d'eau
étaient destinées à alimenter les grands vapeurs et je crois
bien me souvenir que le tarif minimum était de un dollar
pour les premiers deux mille litres. On introduisit par
[1]l'écoutille de l'avant[1] un énorme tuyau à l'intérieur du
Firecrest. J'avais bien recommandé qu'on ouvrît très peu
le régulateur d'admission d'eau, car je ne désirais que deux
cents litres. Je suppose qu'on ouvrit la prise d'eau en grand,
car l'eau fit irruption avec une grande violence, remplissant
instantanément mes réservoirs et débordant dans la cale.
En hâte je sortis avec le tuyau qui m'inondait copieuse-
ment, offrant ainsi aux curieux du quai un divertissement
inédit, mais l'eau, à l'intérieur, avait déjà atteint le niveau
du plancher, et il me fallut plusieurs heures de travail aux
pompes pour l'épuiser.

*Progress is very slow. An adventure near Malpelo, a lonely
island, three hundred miles out.*

Près de cet îlot, les poissons et les oiseaux étaient encore
plus nombreux. La brise devenait plus fraîche et je dus me

---

[1] Fore hatchway.

rendre à l'extrémité du beaupré pour [1]carguer mon clin-
foc[1]. La houle était forte, le beaupré plongeait dans l'eau,
et je venais à peine de terminer cette délicate opération
lorsque je constatai sous mes pieds la présence d'un
nombre considérable de requins qui me guettaient patiem-
ment. Je regagnai vite l'abri du pont et les dispersai à coups
de carabine. J'avais pu constater, parmi cette cinquantaine
de squales presque noirs, la présence d'un énorme requin
d'un blanc sale.

Je me livrais souvent à la pêche. L'humidité avait en-
levé beaucoup d'élasticité à mon arc et je préférais har-
ponner les dorades lorsqu'elles passaient à ma portée. Je
ne pus réussir à attraper un seul requin et je pus constater
qu'ils ne sont pas toujours très voraces.

J'employais une dorade comme appât et un hameçon
d'acier tenu par une chaîne, et les squales, méfiants, après
que leurs poissons-pilotes étaient venus en reconnaissance,
déchiquetaient l'appât par tout petits morceaux sans jamais
tenter de l'avaler d'un seul coup. Et cependant, lorsque je
tuais l'un d'entre eux avec ma carabine springfield, c'était
aussitôt une bataille féroce autour du festin cannibale.

"Crossing the Line."

Le 15 juillet, je passai la ligne sans le baptême traditionnel, à 7 heures du matin, dans la longitude 85°55′
ouest. J'avais, l'avant-veille, aperçu pour la dernière fois
l'étoile polaire, et je disais adieu, peut-être pour des années, à l'hémisphère septentrional.

*Galapagos Islands, a Pacific possession of the Republic
of Ecuador.*

Je remarquai trois personnes gesticulant au bout de la
jetée. Comprenant que ma présence à terre était désirée,
je procédai à l'opération de dépliage de mon berthon et à
sa mise à l'eau. Je fus accueilli par un grand nombre de

---

[1] To reef my flying-jib.

questions en espagnol, langue que j'entends un peu, mais que je ne puis parler.

Je compris que l'une de ces personnes était le capitaine du port et gouverneur de l'archipel et lui montrai les papiers du bord. Dès qu'il sut que j'étais Français, il arrêta immédiatement toute inquisition et m'invita à dîner. A ce moment, s'avança un petit vieillard, qui me demanda en un mauvais anglais si j'étais seul à bord. Des hochements de tête dubitatifs accueillirent ma réponse et il me dit: "Vous étiez deux et vous avez noyé l'autre!"

Le lendemain, à l'heure fixée, j'aperçus, sur la place, un "[1]peon[1]" qui tenait un cheval par la bride, et me rendis à terre avec plaisir. Les marins ont toujours eu la réputation d'échanger volontiers le plancher mouvant de leur navire pour le dos, non moins remuant, d'un cheval. Je devais faire sur ma monture une curieuse figure. En effet, pendant ma traversée, j'avais sacrifié à ma manie de jeter des objets par-dessus bord et j'avais semé sur ma route marine des chemises, des vêtements et des souliers brûlés par la chaleur humide des tropiques, de sorte que je ne possédais plus que quelques vêtements de matelot en toile blanche. Pieds nus, avec des pantalons à large patte et un col marin, j'étais, certes, un pittoresque cavalier.

Je passai un détachement de soldats équatoriens, puis deux enfants porteurs d'oiseaux qu'ils avaient tués à coups de pierre. Je crus d'abord à une grande habileté de leur part, mais je pus bientôt constater que les oiseaux, nullement farouches, se laissaient approcher tout près sans s'envoler. Plus loin, un jeune adolescent à cheval, vêtu d'un "[2]poncho[2]" aux brillantes couleurs avec le traditionnel lasso pendu à l'arçon de sa selle, me salua d'un "[3]buenos dias[3]". Enfin, après une montée presque à pic, et après avoir longé plusieurs bâtiments délabrés, une sucrerie et une scierie, j'arrivai à [4]l'hacienda[4].

---

[1] *Spanish* "a labourer".   [2] *Spanish* "a cloak".
[3] *Spanish* "Good day!"   [4] *Spanish* "a farm".

A meal on a ranch in the Galapagos Islands.

Tout au début du repas, je remarquai que l'escalier qui nous avait amené au premier étage se fermait par une trappe sur laquelle se tenait un factionnaire en arme; à chaque embrasure de fenêtre des péons armés montaient la garde.

Le propriétaire m'expliqua qu'il redoutait beaucoup une attaque, que son père avait été tué par des péons, que lui et ses chefs de service ne sortaient jamais sans armes et qu'il était fort imprudent pour moi de sortir sans revolver. Je pensai à part moi que la multiplicité des armes à feu était le plus grand danger. En effet, quelques mois auparavant, pendant que don Manuel surveillait sa scierie, des péons s'étaient emparés de son arsenal et avaient fait feu sur lui par les fenêtres. Il avait dû s'enfuir à cheval et tenir la campagne pendant quatre jours.

In the afternoon a ball is given in his honour and Gerbault does not leave until evening.

Vers le milieu du dîner, la conversation prit un tour inquiétant. On insista à nouveau sur le danger pour moi de sortir sans armes, on me recommanda de veiller particulièrement sur mon navire. Il y a quelques mois, cinq convicts ne s'étaient-ils pas emparés d'un canot d'une dizaine de mètres de longueur et, un mois plus tard, un vapeur avait recueilli à son bord, près de la côte panamienne, trois survivants mourant de faim après, probablement, une atroce tragédie dont ils gardèrent le secret. Décidés à s'enfuir, les convicts ne reculeraient devant rien pour s'emparer du *Firecrest*. On me conseilla encore de monter bonne garde et de surveiller mon armement.

Il faisait nuit noire et une forte pluie tombait. Par la fenêtre, je ne pouvais plus distinguer mon navire et j'étais inquiet.

L'obscurité était presque complète. Mon cheval, qui

semblait si bien connaître la route pendant le jour, l'ignorait complètement la nuit. Il s'arrêtait constamment, trébuchait sur les rochers, et semblait prendre un malin plaisir à sortir du sentier et à pénétrer dans des buissons d'épines. Constamment, j'étais obligé de descendre et de me livrer à un travail d'exploration pour retrouver la piste. Mes vêtements étaient collés à mon corps par la pluie. Des ombres inquiétantes traversaient la route. Je sentis, à un moment donné, quelque chose de chaud et d'humide se poser contre une de mes jambes. Un grognement me rassura : c'était un cochon sauvage !

Heading for the Gambier Islands and making good progress by compass reckoning.

J'occupais aussi mes loisirs à déterminer de ma position. On sait que la latitude ou distance de l'équateur s'obtient aisément par une hauteur du soleil prise au moment de son passage au méridien ou midi vrai du lieu. La longitude est la distance du méridien de Greenwich. On l'obtient en calculant la différence entre l'heure locale obtenue par une hauteur d'astre et l'heure du premier méridien donnée par le chronomètre de bord.

Lorsque l'on sait qu'un écart de quatre minutes au chronomètre produit une différence de soixante milles dans la longitude, on conçoit combien il est important de connaître la marche d'un chronomètre.

Un chronomètre n'est jamais exact et sa marche dépend surtout de la température et du mouvement du navire. Sur les grands paquebots, on obtient chaque jour l'heure par T. S. F. et on peut connaître l'heure à moins d'un cinquième de seconde. La grosse difficulté sur le *Firecrest* était de connaître l'écart du chronomètre dans les conditions sans cesse variables de mes voyages.

Le mercredi 16 septembre, mes observations m'indiquaient que je me trouvais à une quarantaine de milles de Mangareva, dont les pics sont visibles par beau temps à cette distance, mais les nuages très bas et la pluie rendaient la visibilité très mauvaise.

Ma route me faisait passer près de l'atoll très bas de Timoe (anneau de corail entouré de cocotiers) et visible seulement à quelques milles de distance. Aussi, à partir de midi, je grimpai dans la mâture, cherchant à voir à travers la pluie. Je craignais une erreur de mes chronomètres et je commençais à être presque inquiet sur ma navigation lorsqu'à treize heures trente j'aperçus des cocotiers qui paraissaient sortir directement de la mer par bâbord avant.

Je pouvais être satisfait de mon atterrissage. Après quarante-huit jours de mer, mon erreur en longitude était inférieure à deux milles.

Comme j'arrivai dans le port extérieur de Rikitea, capitale de l'île, j'aperçus une jetée au bout de laquelle était un mât où flottait le pavillon tricolore.

Pour la première fois depuis mon départ de France, le *Firecrest* flottait dans des eaux françaises et c'était pour moi une grande joie de voir battre si loin de tout continent, les couleurs de mon pays.

The South Sea Islands.

Au cours de mes voyages, les souvenirs qui sont restés les plus profondément gravés dans ma mémoire sont ceux de la nature, lorsqu'elle n'est pas abîmée par les travaux des hommes.

Maintenant, c'était la nature calme et paisible, et je sentis aussitôt que j'étais arrivé à mon but. Là était le pays où j'aurais voulu vivre et mourir, si je n'avais choisi une existence de marin.

French officialdom!

Un gendarme en uniforme, aux bottes et aux moustaches bien cirées, comme on en voit dans les images, vint à mon bord, suivi de plusieurs indigènes. Il procéda à un examen minutieux de mes papiers, infiniment plus minutieux qu'aucun des examens que j'avais subis depuis mon départ de France, puis apercevant des fusils à bord, il me déclara en roulant les *r*: "Ici, il n'y a pas de gibier, mais néanmoins si vous voulez chasser, il faudra vous munir d'un permis de chasse."

Une partie de la population m'attendait sur la jetée qui conduisait à la résidence.

Ma première impression sur les naturels du pays fut assez décevante. Les Mangaréviens portent en effet l'uniforme conventionnel imposé par les missionnaires et les pasteurs à travers toute la Polynésie. Les femmes sont vêtues d'une robe de coton d'une seule pièce, à longues manches, à peine échancrée au cou; les hommes d'un pantalon de toile bleue et un tricot de coton blanc. Tous pieds nus et coiffés de chapeaux de paille.

La résidence était une maison en planches entourée d'une large véranda couverte d'un toit en tôle ondulée et ressemblant un peu aux maisons de campagne des environs de New-York. Le village n'avait qu'une seule route bordée de maisons de chaque côté et s'étendant sur une longueur d'environ un demi-mille.

Là encore je fus surpris du manque de couleur et d'industrie locale: les planches de sapin importées et la tôle ondulée étant les matériaux prédominant dans la construction de ces maisons.

Au début de mon séjour, les indigènes m'avaient témoigné une certaine froideur: leur méfiance s'explique quand on se rappelle que ce peuple, qui appartient à la race la plus généreuse du monde, a été indignement exploité par les blancs qu'il avait si bien accueillis. Mais, lorsqu'ils virent que je ne demandais rien et que je ne venais pas dans l'île dans un dessein intéressé, leur méfiance disparut rapidement. Et moi je m'attachai à cette race sympathique, surtout aux enfants qui étaient charmants comme tous les enfants des peuples primitifs et dont je partageais souvent les jeux.

Pearl-fishing in the South Seas.

L'ouverture de la pêche perlière était fixée à Mangareva au 10 novembre. En effet, la plonge dans les îles de l'archipel Tuamotou n'est pas libre et est sévèrement réglementée pour éviter la disparition des huîtres.

Pendant la semaine qui précéda l'ouverture, le lagon présenta une animation inaccoutumée. Tous les indigènes étaient occupés à repeindre et à réparer leurs canots. De nouvelles pirogues, qui venaient d'être construites, furent bénies par le missionnaire en présence d'une partie de la population. Mes talents de peintre, un matelot l'est toujours un peu, furent même mis à contribution.

Les indigènes qui travaillaient à deux sur chaque pirogue formaient des groupes joyeux dont les éclats de rire enfantins s'entendaient au loin. Ils déplaçaient constamment leurs pirogues et cherchaient les endroits pleins de nacre en regardant à travers une boîte rectangulaire dont le fond était de verre et à travers lequel tous les détails du sol sous-marin apparaissaient avec la plus grande netteté.

Subitement, un indigène poussait des cris de joie en apercevant des nacres et se préparait à plonger. Il enlevait son chapeau et la veste qui le garantissaient des ardeurs du soleil et, débarrassé de ce costume peu élégant, il ressemblait à un jeune dieu de bronze. Il enjambait la pirogue et, se tenant au balancier, exécutait un travail préliminaire important.

Il procédait à de profondes aspirations, puis rejetait l'air en produisant une espèce de sifflement particulier qui s'entendait à une grande distance. Ce sifflement est, je crois, particulier aux plongeurs tuamotus et je ne peux lui concevoir d'autre utilité que d'aider à régulariser la respiration.

Le plongeur portait des lunettes qui étaient, en général, en bois et faites à la main. Les verres étaient fixés au moyen de mastic. Elles étaient destinées à préserver les yeux d'accidents ophthalmiques qui sont fréquents. Finalement, après plusieurs minutes d'exercices respiratoires, il disparaissait et bientôt remontait en tenant une nacre à la main.

Pendant sa plongée, son camarade suivait attentivement ses évolutions, prêt à le défendre en cas d'attaque de requin, prêt à lui porter secours en cas d'accident.

En descendant dans l'eau, tous les plongeurs se pinçaient le nez d'une main et prétendaient tous qu'au-dessus de cinq brasses de profondeur l'air leur sortait par les oreilles ; mais, comme ce fait a été reconnu impossible par divers savants, il s'agit probablement là d'une illusion produite par la pression de l'eau sur le tympan.

Les bons plongeurs restaient, en général, sous l'eau une à deux minutes, et chercher plutôt à faire de nombreuses descentes qu'à battre des records de durée.

Les nacres n'étaient pas ouvertes tout de suite, chaque plongeur attendait d'être à l'abri des regards indiscrets pour examiner sa chance.

Je passai toute l'après-midi sur le lagon avec les plongeurs. Comme c'était mon habitude, je ne portais qu'un simple pagne et j'étais tête nue, tandis que les indigènes portaient un chapeau et des vêtements pour se défendre des ardeurs du soleil. Vers le soir, les pirogues commencèrent à rentrer et j'acceptai l'invitation que me firent les indigènes d'aller passer la nuit sur l'îlot où les plongeurs s'étaient construit des abris avec des morceaux de tôle ondulée.

Nous fîmes là un repas en plein air dont le souvenir restera toujours dans ma mémoire.

Gerbault sails on to the Marquesa Islands, where he finds the traders' ships collecting the copra harvest.

Les jours suivants, trois autres goélettes arrivèrent dans l'étroit port qui devint très encombré. Tous ces voiliers appartenaient aux différentes maisons de commerce et la compétition entre eux était très vive. C'étaient des sortes de magasins flottants. On y vendait des étoffes, du riz et des boîtes de conserve; mais leur principal travail était de chercher à obtenir le copra séché des indigènes. Chaque capitaine avait dans le pays ses émissaires et ses espions qui lui signalaient quand du copra avait été récolté dans une vallée et alors, immédiatement, il faisait appareiller sa goélette. Ils employaient toutes sortes de ruses vis-à-vis les uns des autres, se bluffaient mutuellement ou observaient le plus profond mystère sur leurs mouvements.

Cette concurrence des goélettes pour l'achat du copra présente beaucoup d'inconvénients. En effet, le Marquisien se soucie peu de l'argent et, pour obtenir son copra, certains capitaines exploitent son goût pour l'alcool, ce qui est défendu par la loi mais très difficile d'empêcher. Un autre capitaine, réputé comme le plus habile marin de l'archipel, se promenait avec une Bible et exploitait le goût des indigènes pour le merveilleux et leur penchant à discuter les légendes bibliques, qui par certains côtés ressemblent à leurs légendes païennes, et il arrivait toujours à leur prouver par saint Paul qu'à lui seul ils devaient vendre le copra.

After three months in the Marquesas, he sails for Tahiti.

A force de jouer presque nu sous le soleil, je devins plus bronzé que bien des Marquisiens. Et ma peau reprenait peu à peu sa couleur naturelle, c'est-à-dire celle qu'elle aurait eue si j'avais toujours vécu au grand air et au soleil sans vêtements.

Mais il me fallait encore repartir. Un important courrier, le premier depuis un an, m'attendait à Tahiti, où je désirais aussi renouveler certaines parties du gréement du *Firecrest* et faire faire deux nouvelles voiles.

Les îles Marquises furent une des rares escales de ma croisière que je quittai avec une réelle tristesse, car je sentais que là j'aurais pu vivre très heureux.

Entre les Marquises et Tahiti gît un amas d'îles redouté des navigateurs. Tout le monde sait qu'un atoll est un anneau de corail circulaire presque à fleur d'eau et enfermant un lac intérieur. L'atoll, en sa partie la plus haute, atteint rarement une hauteur d'une dizaine de pieds, et la cime des cocotiers qui poussent sur son pourtour ne peut être aperçue qu'à une distance de quelques milles, rendant ainsi la navigation dangereuse. Nulle part dans aucun océan, il n'existe une telle agglomération d'atolls. Les courants sont dangereux et incertains, les cartes souvent inexactes.

Ces atolls n'ont, en général, qu'une étroite ouverture par où le courant entre et sort avec la marée avec une grande vitesse, ce qui en rend l'entrée excessivement difficile pour un bateau à voiles.

A coral harbour.

Vers midi, j'arrivais en face de la passe de Ngarue. Là était venu le moment de vérifier quelques-unes de mes théories. Les capitaines de goélettes m'avaient tous conseillé d'entrer [1]à l'étale de basse mer[1] quand le courant est nul. Mais mon intention était de rentrer avec le plus fort de la marée montante afin de profiter de son aide.

La marée justement montait et se précipitait vers l'étroite entrée de la passe en formant d'énormes remous. Pas la moindre balise, je devais compter uniquement sur la boussole pour m'indiquer la bonne direction. La brise était légère, mais, lorsque j'arrivai dans l'entrée, le courant me prit et m'entraîna à plus de huit nœuds.

---

[1] At dead low water.

C'était réellement fort impressionnant.

De chaque côté, les récifs m'apparaissaient très proches. L'eau bouillonnait en de violents remous et le *Firecrest* n'obéissait plus à la barre. Devant moi, j'apercevais de nombreux pâtés de corail. Au milieu de la passe mon navire fit deux tours sur lui-même et je me croyais en grand danger, mais déjà le courant m'avait transporté à l'intérieur du lagon, dans une eau merveilleusement calme et transparente qui me permettait d'apercevoir les nombreux et dangereux récifs submergés. C'était maintenant une navigation difficile et je devais constamment quitter la barre pour regarder à l'avant la position des nombreux pâtés de corail: bientôt je mouillai mes ancres en face du petit village de Ngarumaova, heureux d'avoir surmonté de nouvelles difficultés et vécu une inoubliable expérience avec quelque sentiment de méprisante pitié pour ceux qui, en mettant un moteur dans leur navire, suppriment l'art de naviguer et la difficulté d'entrer sans voiles dans une étroite passe.

First there is a suspicion that Gerbault has murdered his fellow-seamen. But this soon gives way to friendliness.

Le vieil indigène, qui seul avait osé venir à mon bord, en tirait une grande fierté et était fort occupé avec sa femme à me préparer un festin pour me faire honneur. Lorsque tout fut prêt, le reste de l'assistance s'éclipsa avec une courtoisie toute polynésienne pour me laisser seul avec mon hôte. La case de mon hôte, fort exiguë, probablement parce qu'il était pauvre, était composée de quelques piquets surmontant un toit en feuilles de cocotiers entrelacées, des espèces de rideaux du même feuillage en formaient les murs. Petite comme elle était, c'était cependant une des plus confortables du pays, car j'avais déjà remarqué que non seulement le toit mais encore les murs des autres habitations étaient formés de tôle ondulée, qui rend l'existence infernale dans un climat tropical.

Pauvres, certes, étaient mes hôtes, car leur cabane ne contenait que quelques accessoires de pêche, mais ils avaient tout disposé pour me faire honneur, et, sur une petite table, un énorme poisson était cuit dans du lait de coco. A côté du plat étaient disposés leurs cadeaux, coquillages aux couleurs extraordinaires, et cinq petites perles. S'asseoir à côté de moi, il ne pouvait en être question. Mes hôtes étaient là pour me servir. C'est ainsi que le veut la traditionnelle hospitalité polynésienne qui honore l'étranger de passage.

Ainsi débuta mon séjour dans cette île où je fus si bien accueilli.

The Cocoanut-palm.

Les fruits du cocotier forment, avec les poissons du lagon et quelques tortues de mer, la nourriture peu variée de ces îles. La noix verte du cocotier donne une eau rafraîchissante, l'amande des cocos mûrs constitue un aliment complet; de l'amande râpée on extrait par compression un lait crémeux qui entre dans la préparation des aliments; on tire aussi d'elle une huile limpide. Enfin, l'intérieur des noix parvenues à l'extrême maturité, renferme une sorte d'éponge qui est une délicieuse friandise. Il y a des cocotiers de toutes sortes, il y en a même dont la noix fibreuse est si tendre qu'elle se mange aussi bien que l'intérieur. Pour monotone que fût ce régime, je le préférais certes aux conserves que les habitants se croyaient souvent obligés d'acheter en mon honneur.

En vérité, le cocotier pourrait pourvoir à tous les besoins de ces îles: le tronc sert à la construction des cases, son feuillage en fournit le toit, et, tressé, donne de confortables nattes. De la fibre qui entoure la noix on fabrique de robustes cordages imputrescibles, son huile servait jadis à l'éclairage, et c'est en frottant l'une contre l'autre deux nervures centrales de ses branches séchées qu'on obtenait jadis du feu.

Gerbault has difficulty in declining all the presents that the natives shower on him, and sails to Makemo island.

Quoique fort courte, mon escale à Makemo reste une des plus agréables de ma croisière. Pour la première fois je voyais une population polynésienne absolument saine et en bonne santé, menant au grand air une existence naturelle.

Le lendemain de mon arrivée, de jeunes enfants pêchaient non loin du *Firecrest* dans de petites pirogues à balanciers. Souvent ils disparaissaient sous la surface pour vérifier si leurs appâts étaient toujours au bout de l'hameçon. Remarquant la présence sous mon navire de grandes formes sombres qui évoluaient près du fond de corail, je leur fis part de la présence de requins, mais mon observation fut accueillie par des rires et ils n'en continuèrent pas moins leurs plongeons et leurs ébats.

Moi-même je devais bientôt me baigner dans les eaux du lagon sans me soucier nullement des monstres qui passaient à une dizaine de brasses sous moi. Parmi ce peuple amphibie, j'étais fort heureux, pêchant avec les indigènes sur les eaux du lagon ou m'exerçant à plonger avec de jeunes enfants. L'aisance de leurs évolutions sous l'eau était vraiment extraordinaire. Alors que j'arrivais avec grandes difficultés à descendre à cinq brasses de profondeur, pour eux descendre à dix brasses n'était qu'un jeu.

En voyant tous ces enfants si heureux dans leur île parfaite, en pensant par comparaison à mon enfance triste loin du grand air et du soleil, l'idée qui avait pris naissance aux Marquises commençait à se développer, et dans mes rêves apparaissait souvent un atoll éloigné qui serait le port d'attache de mon navire futur où je me fonderais un foyer et où je reviendrais entre deux croisières lointaines.

At Tahiti. Civilisation.

Papeete ne me désappointa pas car je n'en attendais rien. C'est une ville habitée principalement de demi-blancs et de Chinois.

Il sortirait entièrement du cadre de cet ouvrage de faire part de mes réflexions sur la décadence de Tahiti, mais je fus surtout frappé par l'envahissement chinois, et par l'absence totale d'arts indigènes qui ont disparu et que rien n'a remplacé. Il n'y a non plus aucun pittoresque dans les costumes, car le port du pareu ou pagne indigène est interdit dans les rues de Papeete. Et comme les danses et les chants le soir au bord de l'eau sont proscrits eux aussi, Papeete est certes une petite ville fort tranquille.

Et cependant il y avait là tout de même quelques purs Tahitiens, mais on ne pouvait les voir pendant le jour, car toute la nuit ils pêchaient sur le récif et apportaient leurs poissons de grand matin au marché. Le marché est un des rares endroits pittoresques de la vie tahitienne moderne, avec ses poissons aux couleurs éclatantes, ses fruits tropicaux si parfumés et ses énormes bananes. Là encore on pouvait rencontrer quelquefois d'admirables types de beauté indigène.

Men-of-war.

Un jour, le sloop-of-war anglais stationnaire [1]fit escale à[1] Te-ava-nui, la grande rade de Porapora. Je fis la connaissance du commandant et de ses officiers, dînai à leur bord et le commander Blooke vint rendre visite au *Firecrest*. Ils ne firent à terre qu'une courte marche et repartirent le lendemain.

Huit jours plus tard, un navire presque identique mais battant cette fois pavillon français apparaissait en face de la passe. C'était l'aviso *Cassiopée* qui arrivait des îles Samoa. Bientôt il mouillait ses ancres non loin du *Fire-*

[1] Called.

crest, une chaloupe à vapeur s'en détachait et [1]venait accoster à mon bord[1]. Un officier venait de la part de son commandant m'offrir les services de la marine française au cas où j'aurais besoin de réparations. Je me rendis aussitôt à bord de la *Cassiopée* pour remercier le commandant Jean Decoux de sa courtoise attention et il me retint à déjeuner avec lui.

Pour la première fois, je rencontrais dans ma carrière un bateau de guerre de mon pays et j'admirai beaucoup la magnifique tenue du navire et de son équipage. C'était pour moi fort agréable de rencontrer des Français ayant l'esprit maritime et pouvant s'intéresser à tout ce qui me passionne.

Par une coïncidence assez curieuse, un jeune matelot de la *Cassiopée* m'avait écrit jadis après ma traversée de l'Atlantique pour s'embarquer avec moi. Sur mon refus, il s'était engagé dans la marine de guerre, et nous nous rencontrions au milieu du Pacifique. Dans l'après-midi, je lui montrai le *Firecrest* dans ses moindres détails.

Rugby in the South Seas.

J'assistai aussi pendant mon séjour à un match de football-rugby disputé entre deux équipes indigènes des îles Samoa et des îles Tonga. Le terrain était situé sur un champ de courses à un kilomètre de la ville et était un peu étroit et trop court. Les joueurs étaient fort pittoresques. Les Tongans étaient tous pieds nus, mais les joueurs de l'équipe locale, où figuraient plusieurs demi-blancs, portaient soit des souliers genre bains de mer, ou seulement des chaussettes et des fixe-chaussettes. La partie fort courtoise et nullement brutale se termina par un éclatant triomphe des visiteurs, qui firent montre de réelles qualités.

Le rugby, sous l'administration de la Nouvelle-Zélande, tendait à remplacer un jeu dérivé du cricket qui était très

---

[1] Was coming alongside.

en faveur dans les îles. Les parties qui se jouaient village contre village attiraient une foule nombreuse.

Another stage begun.

En sortant de la rade d'Apia, je passai près d'un grand cargo de la Clan Line dont l'équipage me salua de retentissants hurrahs. Je remarquai alors que c'était le vendredi 13 août, ce qui ne m'impressionna nullement, car je ne suis pas le moins du monde superstitieux. J'étais loin de me douter des nombreuses péripéties qui m'attendaient.

Un soir, après quatre jours de brise légère, l'île d'Uvea ou Wallis était en vue à une dizaine de milles dans le nord-ouest. D'après les cartes, le courant portait légèrement au sud-ouest, aussi, amenant toutes mes voiles, je me laissai dériver pendant la nuit. Néanmoins, je ne dormais guère et, comme le vent fraîchissait constamment, je venais souvent sur le pont, mais il faisait très sombre et je ne pouvais rien distinguer.

Aux premières lueurs du jour, je constatai avec stupéfaction que le récif extérieur de l'île d'Uvea n'était qu'à quelques encâblures. Contre toutes prévisions, le courant avait porté fortement au nord pendant la nuit. Le plus vite possible, [1]j'établis mes voiles[1], mais j'étais à moins d'une encâblure du récif. Le vent soufflait avec violence droit vers le récif et la forte houle retardait ma marche. Cependant, un côtre étroit et profond comme le *Firecrest* se comporte relativement bien dans une mer agitée et je gagnais [2]à chaque bordée[2] contre le vent et le courant, quand, en regardant en l'air, j'aperçus une déchirure qui s'était formée près de la pointe supérieure de ma grand'voile, déchirure qui s'agrandissait à chaque minute et menaçait de la séparer en deux.

---

[1] I set my sails.   [2] With each tack.

La réparation fut faite dans un temps de record, malgré la violence des lames, et ma grand'voile fut rehissée très vite. Néanmoins, lorsque je pus reprendre ma route, j'étais de nouveau tout près du récif.

Gerbault works round to the entrance to the lagoon and negotiates the passage, grounds but gets off again, and anchors in the open in a high wind.

Je ne dormais qu'à moitié, prêt à sauter sur le pont pour [1]filer[1] un peu plus de chaîne [2]si l'ancre chassait[2]. Je fus réveillé par le bruit de la chaîne frottant contre le fond, mais avant que j'aie pu faire quelque chose mon navire était échoué sur le corail. Une simple traction sur la chaîne me convainquit qu'elle était cassée. Le vent avait tourné au sud et soufflait en tempête. Le *Firecrest* était légèrement couché sur le côté et à chaque lame était soulevé et retombait avec un sourd craquement. La situation était désespérée. Dans le port, pas une embarcation, pas une ancre pour [3]porter au large[3]; je crois d'ailleurs qu'avec la violence du vent, il aurait fallu un vapeur pour me tirer de là.

La marée montait encore un peu, mais je pensais bien qu'à la marée baissante, le *Firecrest* serait mis en pièces. Et sur le pont, battu furieusement par la mer, j'assistai impuissant à l'agonie de mon fidèle compagnon. J'étais depuis une heure sur le récif, lorsque, soudain, mon navire se coucha complètement sur le côté, le pont devint presque vertical et les clairevoies entrèrent dans l'eau.

Je m'étais mis à nager vers le rivage lorsque je m'aperçus avec une grande stupéfaction que le *Firecrest* me suivait. En fait, il arriva à la plage presque en même temps que moi et resta couché sur le côté à la limite de la marée haute sur le sable qui amortissait le choc des rouleaux.

---

[1] Pay out.
[2] If the boat dragged her anchor.
[3] Work out to sea.

Je constatai qu'à l'intérieur il y avait fort peu d'eau. Il faisait nuit presque noire, il était une heure et demie du matin, et je me rendis fort triste à la résidence, croyant que le *Firecrest* avait terminé sa carrière et que ma croisière avait pris fin.

[*The lead keel has been lost.*]

Si peu endommagé que fût le *Firecrest*, les difficultés que j'avais à résoudre avant de pouvoir le remettre à flot me paraissaient au premier abord insurmontables.

Aller chercher la quille en plomb de quatre tonnes, l'amener près du *Firecrest* sur la plage, réparer les boulons cassés dont certains avaient plus d'un mètre de long ou en refaire de neufs, remettre la quille en place, puis faire passer un navire [1]déplaçant[1] un mètre quatre-vingt-dix par-dessus un fond de corail d'un mètre vingt, tout ceci me semblait autant de problèmes insolubles.

Dans l'île absolument rien, pas même une forge, une population de cinq mille indigènes dont j'ignorais le langage. Les seuls artisans du pays étaient deux Chinois qui faisaient un peu tous les métiers, mais connaissaient fort peu le travail de charpentier de marine.

Je savais qu'il ne passerait pas de navires avant plusieurs mois. S'il y avait eu dans l'île le moindre canot à voile d'une suffisante tenue à la mer, je n'aurais pas hésité à l'emprunter pour aller aux îles Fidji me forger de nouveaux boulons.

Je ne pouvais non plus songer à remplir le *Firecrest* d'un lest de sable et de ciment et à gagner les Fidji. Son peu de largeur, et sa faible stabilité de forme m'interdisaient de faire ce qui aurait été facile et sûr avec un bateau large et peu profond.

Je ne pouvais donc qu'attendre et espérer, me consoler aussi de mon escale forcée par les charmes d'une île que son isolement avait rendue fort intéressante.

[1] Drawing.

Peu à peu je faisais connaissance avec les indigènes. Le dimanche, sur le "malae", la place qui s'étendait devant l'église et le pays en bordure de mer, j'essayais d'initier la jeunesse du pays aux beautés du football. Le terrain était fort mauvais et encombré de rocs. Je ne pouvais non plus empêcher mes amis de prendre le ballon avec les mains, et si j'avais eu un ballon oval je leur aurais appris le rugby pour lequel ils semblaient avoir plus de dispositions. Le jeu le plus en faveur dans le pays tenait, comme aux Samoa, du cricket et du base-ball. Les parties se disputaient avec acharnement entre chaque village. Les balles étaient de bois et occasionnaient souvent de sérieuses blessures à la tête.

A wireless message is sent by a French trading ship and help is given by an English vessel and by many of the natives. Repairs of a temporary kind are progressing slowly.

Néanmoins je pouvais compter sur le concours absolument amical et volontaire de mes amis les jeunes gens du collège de Matautu, et j'avais décidé après une semaine de repos de reprendre les opérations, de successivement retirer et de réintroduire un par un chaque boulon, après avoir garni les trous de la quille en bois d'étoupe goudronnée, lorsqu'un matin, j'eus l'agréable surprise d'apercevoir les noirs panaches de fumée d'un bateau de guerre français. Immédiatement je fus pénétré d'une grande joie, car j'étais désormais certain de pouvoir continuer ma croisière. C'était la *Cassiopée*, notre aviso stationnaire du Pacifique que je n'osais plus espérer. Il poursuivit son chemin à travers le lagon et vint mouiller devant Matautu.

Presque immédiatement sa vedette à vapeur fut mise à la mer et [1]vint accoster le long du wharf[1]. Un officier vint vers moi, c'était le lieutenant de vaisseau Lemonnier, second en commande de la *Cassiopée* que j'avais connu à Porapora. Il m'apprenait que l'aviso était envoyé sur

---

[1] Came alongside the wharf.

ordre du ministère de la marine et était à ma disposition pour les travaux qui devaient commencer immédiatement. Les réparations du *Firecrest* avancèrent vite. La nuit du troisième jour, au cours d'une expédition nocturne par un fort coup de vent et une terrible averse tropicale, le dernier boulon fut mis en place. Le lendemain, au petit jour, nous lançâmes le *Firecrest*. J'avais déjà résolu le problème de le faire passer sur le récif. Dix matelots en haut de la mâture au-dessus de [1]la barre de flèche[1], équilibrèrent le poids de la quille. Ainsi il resta couché sur le flanc, l'eau entrant presque par les clairevoies, mais dans cette position il ne tirait plus qu'un mètre vingt d'eau, passa facilement par-dessus le récif et bientôt flotta en eau profonde.

En hâte, le lest intérieur fut remis à bord, puis la *Cassiopée* s'éloigna, me laissant un souvenir inoubliable du bon vouloir avec lequel la marine de guerre française était venue à mon secours.

Cependant, avant de pouvoir appareiller, j'avais à remettre tout mon gréement en état, et trois semaines encore passèrent avant que je puisse lever mes ancres. Pendant cet intervalle de temps je devais me lier encore plus avec les indigènes. La venue de la *Cassiopée* avait encore renforcé mon prestige et de nombreuses fêtes furent organisées en mon honneur dans tous les villages de l'île.

C'est là que les indigènes me firent l'honneur suprême de me demander de devenir leur chef et de rester parmi eux. Je ne voulus pas accepter mais cette offre devait m'attacher à l'île par un lien spirituel et je devais prendre la décision d'utiliser l'influence que pourrait me procurer la réussite de ma croisière à soutenir la juste cause des indigènes et à les aider au milieu de leurs difficultés.

[1] Cross-trees.

The Firecrest *arrives at Suva, in the Fiji Islands, where she
is hauled on to the slipway for thorough repairs and refit.*

C'était maintenant le plus grand calme dans une rade
merveilleuse entourée de hautes montagnes où je mouillai
à la nuit tombante. Cinq jours durant, le *Firecrest* avait
été secoué par les vagues et balayé par les embruns, mais
il avait fait aussi la meilleure moyenne de ma croisière.

Dès le lendemain je me mettais au travail et m'adressais
aux chantiers du gouvernement pour mettre mon navire à
terre. Il était, en effet, indispensable de mettre en place un
dixième boulon de bronze qui tenait la quille en plomb
sous le pied du mât. De nombreuses pièces du doublage
en cuivre étaient aussi à remplacer. Mais c'était surtout à
l'intérieur qu'il y avait du travail. Lorsque le *Firecrest*
avait été couché sur le récif, la mer avait pénétré [1]entre le
bordé et la double paroi intérieure[1]. Une humidité très
forte subsistait. Il me fallait tout sécher, gratter et revernir.

Toutes ces réparations m'obligèrent à rester plusieurs
mois à Suva, où je fis un séjour fort agréable.

A Suva c'était déjà une vision de l'Orient avec les nombreux commerçants et tailleurs hindous, les Chinois blan-
chisseurs ou restaurateurs. Il ne pouvait guère y avoir de
contraste plus grand qu'entre les Hindous et les Fidjiens,
les uns de petite taille, aimaient à couvrir leurs femmes
de bijoux et d'ornements; les autres, grands et forts, dé-
daignaient la richesse et vivaient joyeusement.

Un jour, le croiseur de bataille *Renown*, battant pavillon
du duc et de la duchesse d'York, fit son entrée en rade de
Suva, précédé par de nombreuses pirogues indigènes dont
les voiles étaient faites de nattes tressées à la mode an-
cienne. Le contraste était saisissant entre ce monstre
titanesque, dernière invention du génie créateur et destructeur des hommes, et mon petit *Firecrest* qui m'avait si
vaillamment conduit aux Antipodes. Je ne pouvais aussi

---

[1] Between the ship's side and the inner hull.

m'empêcher de philosopher sur mon sort que je n'aurais voulu changer avec celui de personne. N'étais-je pas plus libre seul sur le *Firecrest* que l'hôte royal du *Renown*?

Avant mon départ, je devais effectuer une capture fort importante pour moi. En effet, le rat qui avait été écrasé par le lest dans ma dernière traversée, n'était pas seul, et toutes les nuits j'entendais son congénère qui rongeait, faute de mieux, le bois du *Firecrest*.

Les ravages commis par ce rongeur auraient pu m'occasionner une voie d'eau en mer ou une avarie à mes caisses à eau. Après de nombreux insuccès, je réussis, avec un piège et un morceau de patate douce, à capturer mon ennemie, une bête splendide pourvue d'une belle et longue fourrure et d'un type inconnu aux îles Fidji. Dans l'avenir, je ne devais plus être troublé par les rongeurs, seuls les cafards devaient continuer à m'importuner.

Le vendredi 11 mars, au matin, je quittai mon mouillage près du wharf du gouvernement, salué de signes d'adieu par tous les ouvriers du chantier qui m'avaient témoigné tant de sympathie.

A port in the New Hebrides.

Port-Vila était très fréquenté par de nombreux navires de commerce de Nouméa, dont les équipages, pour la plupart originaires des îles Loyalty, avaient un superbe physique et de magnifiques peaux d'un rouge cuivré. Vêtus d'un simple pagne fort court, ils aimaient se peindre de lignes rouges le visage et le corps. Souvent j'allais à bord d'un cargo de Nouméa dont le capitaine, un Breton, avait toujours nié, avant de me connaître, la réalité de ma croisière, mais me fit, lorsqu'il me rencontra, un accueil sympathique.

Je ne restai à Port-Vila que fort peu de jours et fis voile vers l'îlot de Melé, tout au fond de la baie du même nom, où je désirais me reposer dans le calme et la tranquillité.

Pendant ma courte escale à Melé je descendis rarement à terre. Si les enfants s'approchaient souvent du *Firecrest*, les indigènes semblaient fort méfiants et rentraient dans leurs cases à mon approche. La différence était grande avec l'hospitalité ouverte envers l'étranger des polynésiens, et j'en eus l'explication lorsque je vins dans l'île le dimanche qui précéda mon départ. Le chef de l'île qui en était en même temps le catéchiste pour le compte de missionnaires britanniques, me reçut à déjeuner et je compris vite que la nouvelle religion trop sévère et la crainte des dénonciations jetait une ombre sur leur vie. Il me fut presque impossible d'obtenir des renseignements sur les coutumes d'antan, car le chef, plein de la ferveur des néophytes, regardait sans discernement avec horreur tout ce qui avait appartenu à l'ère païenne. Il me jouait des hymnes religieux sur un gramophone tout neuf lorsqu'on vint m'avertir que le *Firecrest* [1]avait chassé sur ses ancres[1] et dérivait vers le fond de la baie. En toute hâte je sautai dans mon berthon pour le poursuivre. Je l'atteignis à temps pour hisser mes voiles avant qu'il ne se fût échoué. C'était dimanche et je n'aurais pu compter sur le concours d'aucun indigène, car la religion chrétienne leur interdisait de mettre les pirogues à l'eau ce jour-là, même pour remplir un devoir d'assistance.

Gerbault makes his way through the islands of Melanesia to New Guinea and so to the Torres Strait, north of Australia. He calls at Cocoanut Island.

Je fus surpris de voir qu'un homme d'une soixantaine d'années qui m'avait d'abord parlé l'anglais bêche de mer des îles, essayait de me parler français. Voyant mon étonnement, il m'apprit qu'il était né à Nantes et vivait depuis trente-cinq ans dans le détroit de Torrès. Le manque d'entraînement lui avait fait perdre l'habitude de sa

---

[1] Had dragged her anchor.

langue natale. Il n'avait pas appris l'indigène et seulement un mauvais anglais.

Je descendis à terre pour voir le chef du pays et me procurer une ancre. Il ne voulut pas m'en vendre, mais me prêta une ancre et une aussière, en me demandant de la laisser à l'île Thursday. Quoique fort petite, l'île était charmante et me rappelait un peu ma chère Polynésie. Le Français, qui commençait à retrouver son parler natal, me conduisit à sa case et, pendant qu'une de ses sept filles nous préparait un repas, il me conta son histoire. Il était connu sous le sobriquet de Jimmy Dis-donc, jadis matelot sur un voilier et, séduit par la beauté des jeunes indigènes, il avait déserté. Et quelles histoires il pouvait raconter!...

The Firecrest *makes a quick passage to Thursday Island, and anchors in Port Kennedy.*

L'île Thursday fait partie du Queensland, province de l'Australie. Pour un habitant de T. I., lui parler de l'Australie constituait la même insulte que dire à un Corse qu'on arrive de France quand on vient du continent. Le *Firecrest* était dans les eaux australiennes et je devais m'en apercevoir, car là les yachts n'ont pas de privilèges et doivent remplir toutes les formalités d'entrée et de sortie comme les bâtiments de commerce. Il me fallut fournir des listes minutieuses en triple partie de tous les vivres que je possédais à bord, et remplir un nombre considérable d'états néant, liste de passagers, d'équipage, etc. En vérité, la paperassie australienne est invraisemblable, mais est heureusement compensée ou le fut tout au moins dans mon cas particulier par l'extrême amabilité des fonctionnaires.

Je jouai au tennis avec d'excellents sportsmen australiens, et le "Pilote du détroit de Torrès", qui a la prétention d'être le plus petit journal du monde, consacra plusieurs articles à mes exhibitions.

Toute une étape de ma croisière autour du monde était derrière moi: le Pacifique n'était plus qu'un souvenir, je m'engageais dans l'océan Indien.

Je pouvais penser avec satisfaction que ma route vers la France était maintenant claire de tous récifs.

Dutch East Indies. Malays at work in the harbour of Koepwang.

A l'endroit où je débarquais avec mon berthon, on travaillait à mer basse à réparer la jetée qui avait été détruite par la mer. Un entrepreneur dirigeait une équipe de jeunes Malais dont la réelle beauté n'avait rien de masculin. Ils travaillaient dans l'eau souvent jusqu'au milieu de la nuit, à enfoncer des pieux avec un instrument étrange. Une pesante masse de fer glissait entre deux tiges de bambou et s'élevait et s'abaissait en cadence tirée par un cordage de fibres de cocos qui se divisait en nombreuses ramifications, sur lesquelles halaient une partie des indigènes pendant que d'autres maintenaient le fragile édifice en entonnant un chant monotone. Le tout semblait tenir à peine et devait être fréquemment réparé. Il y avait là un gaspillage énorme de force et d'énergie qui était un exemple typique des méthodes de travail chez les races où la main-d'œuvre est à bon marché.

Le mardi 9 août au jour, [1]une droite[1] de soleil me plaçait à vingt-quatre milles de l'île Keeling et, à dix heures du matin, je voyais avec plaisir la cime de ses cocotiers apparaître au-dessus de l'horizon.

Les employés de la compagnie anglaise de l'Eastern Extension Cable C° me firent une excellente réception. Sur l'île Direction, au milieu d'une végétation peu variée, mais abondante, ils étaient installés comme seuls les Anglais savent le faire, aux colonies, avec un excellent mess, bibliothèque, billards et plusieurs terrains de tennis. Un pylône de T. S. F. érigé à la place de celui que fit sauter

[1] A reading.

[1]la compagnie de débarquement[1] de l'*Emden* portait une inscription commémorative et sur l'île Keeling nord, à quinze milles de là, quelques morceaux de ferrailles étaient maintenant les seuls restes du plus fameux corsaire de la guerre.

The island of Cocos, in the same group.

Quelques jours après mon arrivée, je traversai le lagon dans mon berthon et fus reçu par le propriétaire héréditaire de la "Home Island", M. J. S. Clunies Ross, descendant du capitaine John Clunies Ross, qui s'était établi sur l'île en 1816.

J. S. Clunies Ross esq. était en somme maître souverain de l'île. La récolte du copra, seule richesse de l'île, lui appartenait. Dans l'île, l'argent n'était pas autorisé à circuler, et il distribuait aux Malais ce qui lui semblait bon en échange de leurs travaux. Cependant, l'île m'apparut comme une espèce de paradis. Les rues étaient propres, les cases nettes et pittoresques. Les habitants d'une petite taille mais d'un physique agréable, étaient en excellente santé, et à l'intérieur des cases, règnent propreté et confort.

Je ne pouvais m'empêcher de faire une comparaison avec nos atolls, certes plus riches, de la Polynésie, où les habitants semblaient dépourvus de tout, alors que les commerçants s'enrichissaient et que l'argent quittait le pays. Mais, dans l'île fortunée des Cocos, il n'y avait aucun marchand de biens temporels ou spirituels.

Le rêve que j'avais formé en Polynésie se précisait, celui de devenir moi aussi un jour propriétaire d'un atoll inhabité que je peuplerais avec une population polynésienne de mon choix, où l'argent ne circulerait pas et où la population vivrait heureuse dans la pratique des sports et le culte des arts.

---

[1] Landing-party.

The crossing of the Indian Ocean takes two months and the damp air causes much damage to the rigging. The Firecrest *has now left the French colony of Réunion, and the official welcome which Gerbault received there, for South Africa.*

Le surlendemain de mon départ de l'île Bourbon, l'alizé devint très frais en même temps qu'une forte houle se formait en travers au vent. C'était là le contre-coup d'un cyclone qui se déplaçait entre l'île Maurice et la Réunion, ainsi que me l'apprit une lettre reçue à Durban. Je désirais beaucoup faire escale à Madagascar. Seul le mouillage de Sainte-Lucie, sur la côte est, pouvait m'offrir une sécurité relative, mais la saison des cyclones était commencée et je dus, en raison du mauvais temps qui rendait dangereux l'atterrissage sur la côte est, renoncer à mon projet.

Le 13 décembre au jour, je découvris la côte africaine un peu plus près qu'elle n'aurait dû être, car un fort courant portait à terre pendant la nuit. J'étais à environ deux cents milles de Durban, mais il me fallut plusieurs jours pour y arriver, car je ne rencontrai qu'une succession de calmes et de coups de vent, et le courant portait fortement au nord contrairement aux indications de mes cartes. Le 15 décembre, les courants furent particulièrement forts et la mer dure, je dus monter bonne garde pendant la nuit, car j'étais de nouveau sur la route des vapeurs. Dans la soirée du 16 j'aperçus le reflet des lumières de la ville de Durban dans les nuages et à quatre heures, le lendemain, une droite de lune me situait à vingt milles de Durban. A sept heures, j'aperçus le mont Bluff, le Bluff, ce qui vous impressionne le plus lorsque vous arrivez au Natal, disent les humoristes, et bientôt vent arrière j'entrai dans l'étroite passe comme un immense remorqueur avec le pilote sortait pour me chercher; mais, sans recevoir aucune aide, j'avais déjà mouillé en bonne position dans le port après une dure traversée de vingt-neuf jours.

Plusieurs compatriotes vinrent me voir à bord et m'invitèrent à dîner le soir de Noël dans un des meilleurs hôtels de Durban. Je dois dire que je me trouvai complètement dépaysé après une longue année de solitude. Dans une salle où de nombreux convives étaient entassés autour de tables minuscules régnait un vacarme indescriptible. Tous semblaient faire de grands efforts pour s'amuser avec des jeux enfantins, faux nez, chapeaux de papier et les barbares et stupides plaisanteries des soirs de carnaval. La nourriture était l'habituelle fabrication en série des grands restaurants et ne pouvait se comparer à celle si soignée et si élaborée de certains peuples primitifs que j'avais visités. L'orchestre était bruyant et peu harmonieux, et des enfants tahitiens, avec seulement quelques bambous, auraient été capables de faire une musique plus entraînante et plus originale.

Impressions of South Africa.

Durban était certes une ville propre et bien dessinée et possédait une situation incomparable sur la baie, mais les alentours du port étaient défigurés par les chantiers et les cheminées d'usine, et le long de la promenade au bord de la baie, on avait trouvé moyen de masquer partout la vue de la mer à l'aide d'édifices en bois à l'usage des baigneurs. Certes, la nature n'avait pas été défigurée plus qu'à Eastbourne, Brighton ou certaines de nos plages de la Manche, et moins scientifiquement qu'à Atlantic City, mais comme partout on avait suivi les conventions en usage et aucune des ressources de la science moderne n'avait été utilisée pour conserver au paysage sa dignité et sa beauté. La campagne sud-africaine me séduisit bien plus que la ville avec ses hautes collines et ses paysages se répétant toujours les mêmes à perte de vue. Dans la campagne, on rencontrait souvent des villages indigènes, et, vêtus de simples pagnes tissés, des zulus au franc et bon sourire et au corps magnifique.

The Firecrest *has a rough passage round the Cape of Good Hope and at Cape Town receives a thorough overhaul on the slipway.*

La brise resta légère et j'arrivai tout juste à doubler Green Point, puis devant les docks, à cinq heures du soir. On m'avait aperçu du sémaphore et un des officiers du port vint à ma rencontre et me conduisit à la place qui m'était assignée dans le bassin Victoria. C'était le 11 février, après trois semaines d'une dure traversée dans laquelle je n'avais eu que des calmes, des coups de vent contraires et une proportion de mauvais temps anormales en cette saison. Et cependant le *Firecrest* n'avait pas trop souffert et je souris un peu en lisant dans un journal du Cap les interviews des passagers d'un grand paquebot arrivé le même jour que moi et qui se plaignaient d'avoir rencontré une formidable tempête.

Dès mon arrivée, je fis avec un chantier de construction privé les arrangements nécessaires pour mettre le *Firecrest* au sec. Le *Firecrest* resta neuf jours sur le slip, attendant une marée favorable pour le faire flotter, mais la direction du port, avec courtoisie, ne me fit payer que la somme correspondant au séjour ordinaire de quatre jours.

Bientôt, je fus prêt à partir et, refusant à regret l'invitation de mon ami Jean Borotra qui, d'Australie, me câblait de rester pour faire partie de l'équipe française de tennis en Afrique du Sud, je repris la mer le 17 mars.

On to St Helena.

Entre le Cap et Sainte-Hélène est une distance à vol d'oiseau d'environ deux mille milles. Au début de ma traversée, la brise fut irrégulière, la plupart du temps contraire, et je rencontrai de nombreux coups de vent et des orages. Ce ne fut que le 30 mars seulement, par 27° de latitude, que je rencontrai les vents alizés en même temps que la température se relevait sensiblement. D'ici là, ma traversée fut sans incidents et, à l'aube du 19 avril, les pics de Sainte-Hélène m'apparurent à trente milles de distance. Je contournai la face nord-est de l'île, versant aride et désolé, et de l'autre côté ne reçus la brise que par petites rafales à travers les creux des montagnes. A quinze heures, je mouillai mes ancres dans James Bay, devant la pittoresque ville de Jamestown, assise dans une profonde vallée encaissée entre deux montagnes, trente-trois jours après mon départ du Cap.

A mes pieds s'étendait la fertile vallée de Longwood, plus bas au fond d'un ravin était la tombe de Napoléon.

Je dois avouer que je ne songeai pas une minute à visiter la demeure de Longwood. Ma sensibilité ne peut supporter les guides et les endroits fréquentés par les touristes. Je me contentai de parcourir lentement et pieusement en méditant solitaire les sentiers qu'affectionnait dans ses promenades le grand empereur prisonnier, et puis je regagnai mon bord.

Ascension Island.

L'île de l'Ascension, pendant de longues années, avait été occupée par la marine anglaise quand elle était officiellement classée comme un des navires de Sa Majesté Britannique, "la Frégate de pierre". Actuellement l'île était administrée par la Compagnie anglaise du Câble qui l'habitait seule avec ses serviteurs amenés de Sainte-Hélène.

Quelques jours après mon arrivée, nous partîmes à pied pour une excursion au sommet de la montagne verte. La route, tracée parmi les scories, avait dû coûter un gigantesque travail à la marine de guerre. Une canalisation amenait l'eau du haut de la montagne et de place en place il y avait des citernes.

N'ayant pas l'habitude de marcher en montagne, j'étais

assez fatigué lorsque nous arrivâmes au châlet qui était la maison de repos du Câble à plus de deux mille pieds d'altitude. Là il faisait froid et humide, et la végétation était entièrement européenne, il y avait de petits bois et sur le sol de la mousse d'où suintait une forte humidité, une ferme, un potager et des animaux d'Europe. Il était presque nuit et, après un bain réparateur, je pus goûter le plaisir paradoxal de me chauffer devant un feu de bois sous les tropiques par sept degrés de latitude sud.

Shark-fishing.

Un jour, d'un chaland mouillé près du *Firecrest*, un de mes amis prit à l'hameçon un énorme requin de près de trois quarts de tonne. Je lui tirai quelques coups de carabine sans produire sur lui beaucoup d'effet et nous passâmes un nœud coulant autour de sa queue, mais avant qu'il nous fût possible de le hisser à bord, trois de ses féroces congénères attirés par le sang, commencèrent à l'attaquer timidement et puis à le mettre en pièces. Et c'est ici que je pus constater *de visu* que les récits extraordinaires de voyageurs sur l'incroyable vitalité de ces monstres ne sont pas exagérés. Son ventre et ses intestins furent successivement dévorés jusqu'à ce qu'il ne restât plus que la queue, la colonne vertébrale avec un peu de chair autour de la tête et quelques viscères attachées. Eh bien, fait incroyable, même alors l'immense brute n'était pas morte, ouvrait et fermait les yeux et ne semblait prendre aucun déplaisir à être mise en pièces. Et ce ne fut que lorsque nous sectionnâmes la colonne vertébrale pour amener sa tête à bord que les traces de vie disparurent.

The long slow passage up the West Coast of Africa ends in disaster at the Cape Verde Islands.

Le lundi 9 juillet, le vent mollit et devint à la nuit une légère brise. ¹Je venais de virer de bord¹ près de l'île

¹ I had just gone about.

Saint-Vincent, la côte de San Antonio était à cinq milles. Je crus que je pouvais en toute sécurité prendre un peu de repos. Je dormis à peine trois heures lorsqu'un léger choc me réveilla. Je savais immédiatement avant de sauter sur le pont ce qui s'était passé. Je venais de toucher sur une pointe de corail à quelques mètres seulement de la côte San Antonio. C'était presque incroyable, mais il me fallait bien me rendre à l'évidence. Il n'y avait qu'un léger souffle d'air. Un fort courant latéral avait dû me porter à la côte. En quelques secondes le *Firecrest* fut couché sur le côté, la pointe du mât touchait presque la falaise et j'aurais pu sauter à terre sans me mouiller les pieds. Il était minuit, la mer commençait déjà à descendre, il ne pouvait servir absolument de rien d'aller mouiller une ancre avec mon berthon.

C'était la fatalité et je devais accepter l'inévitable, et la perte probable du *Firecrest* si un fort coup de vent arrivait. Je n'avais aucune faute de navigation à me reprocher, mais j'avais pris un risque en dormant près de terre et je devais en supporter les conséquences.

Tout d'abord j'installai sur la falaise un pavillon au bout d'un mât formé d'avirons pour attirer l'attention et assurai la position du *Firecrest* en mouillant plusieurs ancres. J'espérais que quelqu'un viendrait et que je pourrais l'envoyer au village, car je ne désirais pas quitter mon navire. Mais il n'y avait aucun signe de vie, et j'avais presque l'impression d'être naufragé dans une île déserte. Cependant, dans un ravin proche, il y avait les traces fraîches de pas d'un homme, d'un enfant et d'un chien. Enfin, à onze heures du matin, je me décidai à quitter le *Firecrest*, et pris en courant la direction du village. La première personne que je rencontrai était un nègre porteur simplement d'un casque colonial, j'essayai vainement l'anglais et quelques mots d'espagnol, sans me faire comprendre, mais, en rassemblant tous mes souvenirs, je prononçai quelques mots de latin et obtins, à ma grande stupéfaction, un résultat partiel. Jamais je n'avais cru que les bribes de latin apprises au collège puissent m'être de la moindre utilité. Enfin on me conduisit à la maison du maire qui parlait quelques mots de français, puis arriva un capitaine originaire des îles qui parlait l'anglais. Je pus alors expliquer ma situation et regagner mon bateau.

Laissant le *Firecrest* sous la garde de la police je retournai au village. Après avoir donné une séance de cinéma à ceux qui m'avaient accompagné et passé une nuit de repos, et voyant qu'aucune réponse n'arrivait à mon radio, je pris passage sur le *Santa Cruz*, un voilier de quarante tonneaux. Après trois heures de navigation, j'arrivai à Porto-Grande. Près de nous passa la vedette du port qui s'approcha en voyant mes signaux et je sautai à son bord. Le capitaine de port s'y trouvait et m'apprit en excellent français qu'il venait seulement de recevoir mon radio et se rendait à mon secours sur le remorqueur du port.

Le lendemain je pris des arrangements avec une maison portugaise et le *Firecrest* fut mis à terre sur le slip. Quatre planches du ¹bordé¹ avaient été enfoncées et durent être changées. Le travail fut court; malheureusement il y avait peu de ressources et je fus obligé d'employer, pour la réparation du bois blanc plein de nœuds, qui n'était pas d'une très bonne qualité.

Après une courte escale devant l'île San Antonio pour revoir l'endroit mémorable de mon échouage, je fis route au nord-nord-ouest, mais le *Firecrest* faisait beaucoup d'eau, les réparations étaient insuffisantes. Il me fallait pomper constamment et après cinq jours de chemin je rebroussai chemin vers Porto-Grande.

De nouveau, le *Firecrest* fut remis à terre, et dirigeant entièrement les opérations je parvins cette fois à le rendre presque étanche. Il était cependant trop tard maintenant pour arriver en France avant l'hiver et je pris la décision d'hiverner au Cap Vert.

¹ (Ship's) side.

Ainsi pour la première fois, le *Firecrest* revint en arrière. Certes, cela était prudent et sage mais était-ce bien là les sentiments qui me firent agir ainsi? Lorsque je veux m'analyser je sais parfaitement que non, qu'une des raisons primordiales qui me fit rentrer, était la tristesse de voir la fin de ma croisière approcher, tristesse qui n'avait fait que croître depuis mon départ du Pacifique, et surtout la pensée qu'à mon arrivée en France il me faudrait [1]désarmer[1] le *Firecrest*. En revenant aux îles du Cap Vert, je m'accordais un peu de répit dans des îles ensoleillées et en rentrant en France au printemps prochain, je pourrais conserver armé mon navire.

The chief port in the Islands.

Porto-Grande, le grand port, est une immense baie entourée de hautes et arides montagnes qui apparaît fermée au nord par les pics élevés de l'île San Antonio. Vers l'ouest les sommets déchiquetés des montagnes ne sont que clochetons découpés, minarets ou tours, et affectent des formes fantastiques et étranges où les imaginatifs voyageurs croient, suivant leur nationalité, retrouver les traits de Washington ou de Napoléon, mais que mes yeux trop perçants de marin trouvent ne ressembler à rien. Aussi loin que peuvent porter les regards dans une atmosphère souvent extraordinairement transparente, on n'aperçoit que de la terre brune, des rochers et pas la moindre trace de verdure.

Lorsqu'une silhouette d'indigène se profile sur la crête des montagnes, elle apparaît démesurément agrandie, peut-être parce qu'elle n'est cachée à sa base par aucune verdure.

Tout proche de moi s'étendait la cité de Mindelo, avec ses nombreuses jetées où les chalands venaient sans cesse s'approvisionner de charbon aux grands magasins des Compagnies anglaises. Ce semblait être, en effet, le pays

---

[1] Dismantle.

du charbon. Tout autour du *Firecrest*, d'innombrables chalands au mouillage attendaient les navires qui venaient constamment faire escale au Cap Vert pour s'approvisionner. Le charbon était partout, une couche épaisse flottait à la surface de la mer, les rafales qui, dans ce mouillage relativement bien abrité, venaient secouer les navires sur leurs ancres, en apportaient une épaisse poussière qui vint bien vite se coller sur le gréement et les manœuvres du *Firecrest*.

A terre une population de toutes les couleurs. Sur les jetées, des indigènes déguenillés, sales et diversement colorés du blanc au noir, poussaient les wagonnets chargés de charbon qu'ils déversaient dans les chalands. Là encore le pagne artistique et hygiénique aurait mieux convenu à ces travailleurs sous les tropiques que les défroques de notre civilisation.

Sur les plages, de petits négrillons entièrement nus plongeaient sans cesse pour recueillir de la poussière de charbon mélangé de sable qu'ils triaient et recueillaient soigneusement dans de petits sacs. En vérité, si l'on excepte les commerçants, la population ne vivait que du charbon ou des navires de passage car l'île elle-même ne produisait rien.

Tous les vivres, et même l'eau, étaient apportés des îles voisines, plus fertiles, par une nombreuse flotille de petits côtres et goélettes au gréement mal entretenu et aux coques informes, chargés de fruits et d'animaux de toutes sortes.

Cette population, qui n'avait rien, était habituée à tirer sa subsistance des visiteurs et des marins de passage et considérait tous les étrangers comme des gens fortunés leur devant l'aumône. Et cependant, malgré toute cette avidité devenue, en quelque sorte, instinctive et héréditaire, je devais rencontrer, chez cette population, une certaine générosité et une grande bonté de cœur inconnues des populations plus riches et en apparence plus morales.

J'ai dit que j'étais resté pour travailler à mon livre, mais je n'avais aucun courage, et mes mains calleuses et durcies de matelot étaient fort maladroites à tenir la plume.

Le mois de septembre vint, le mois d'octobre passa et, en somme, je n'avais rien écrit, j'avais à peine rassemblé quelques souvenirs des îles Marquises et de Tahiti dont le temps avait à peine émoussé mes souvenirs jadis trop vivaces pour qu'il me fût possible de les rassembler par écrit.

De temps en temps je faisais des parties de tennis à la Compagnie anglaise du Câble ou avec mon ami Daniel Duarte Silva, fervent des sports, mais rien ne m'intéressait; je jouais surtout par devoir pour me maintenir en bonne condition physique. Je vivais dans mes souvenirs, dans les regrets des merveilleuses îles tropicales du Pacifique, pensant aussi aux tristes jours à passer avant de pouvoir remplacer mon vieux *Firecrest* par le navire de mes rêves et retrouver mes mers du Sud.

A French and a Swedish training-ship break the monotony of waiting.

Je dus aussi faire une conférence sur ma croisière aux midships de l'*Edgar-Quinet*, mais l'épreuve de raconter mes aventures me fut tellement pénible que je pris la décision de ne plus jamais parler de moi en public. Cependant, c'est encore des jeunes officiers élèves que je conserve le meilleur souvenir, de leur grande sympathie et de leurs charmantes attentions lorsque je fus reçu à déjeuner à ¹l'un de leurs postes[1]. Ils furent pour moi pleins de délicate attention. Avant mon départ, ils insistèrent pour me faire accepter des vêtements chauds de marin et des couvertures. Alors que je n'aime pas recevoir d'aide, l'excellent esprit avec lequel ces cadeaux m'étaient offerts me les firent accepter avec plaisir.

Et les navires de guerre se succédaient dans l'immense rade de Porto-Grande. Avec le *Fylgia*, vaisseau-école sué-

[1] One of their gun-rooms.

dois, mes relations devaient être moins agréables, car, le premier soir de son arrivée, à minuit, une de ses vedettes coupait en deux le beaupré du *Firecrest* qui, heureusement, possédait [1]un feu de position[1]. Sur ma plainte le lendemain matin, le capitaine du *Fylgia* mettait immédiatement ses charpentiers à ma disposition. Nous eûmes la chance de trouver à Saint-Vincent plusieurs excellents arbres d'Amérique; en quelques heures le dommage se trouvait réparé, car ces charpentiers scandinaves étaient des maîtres comme je n'en avais pas rencontrés dans ma croisière et comme on en voyait autrefois, au vieux temps de la marine en bois.

Pendant que les navires se succédaient dans le port pour charbonner, je luttais contre moi-même et arrivais petit à petit à avancer le manuscrit de mes livres. Enfin, vers le mois de février mes manuscrits se trouvèrent terminés.

C'était pour moi une grande joie de pouvoir travailler maintenant à la minutieuse et longue mise au point de mon navire, car, pour le rude matelot que j'étais devenu, c'était une corvée d'écrire, alors que le travail de [2]gréeur et de gabier[2] me passionnait.

Et seul—car je ne voulais laisser à personne le soin de m'aider—je préparais le *Firecrest* pour sa dernière étape.

J'espérais pouvoir quitter les îles du Cap Vert au commencement du printemps, avoir encore les forts alizés de l'hiver jusqu'aux Açores, puis rencontrer les braves vents d'ouest qui soufflent jusqu'au mois de juin avec violence vers les côtes françaises. Je me voyais déjà de retour pour les championnats de France de tennis, Wimbledon, et peut-être à temps pour y prendre part moi-même après quelques jours de préparation. La malchance devait encore me poursuivre. En effet, ma grand'voile de New-York, depuis longtemps brûlée par le chaud soleil des tropiques, était devenue complètement inutilisable. A la fin d'octobre, j'avais envoyé un croquis, avec de minutieuses

[1] A riding-light.   [2] Rigger and top-man.

et précises indications, à mon ami Pierre du Pasquier, au Havre. Exécutée par Mariolle, la firme havraise bien connue, la voile avait été expédiée le 8 décembre du Havre et perdue. Le navire portugais qui la transportait avait fait naufrage au large de Porto avec toute la cargaison. Une deuxième voile, commandée presque immédiatement, avait été retardée dans le transit et ne m'arriva que deux mois après son dépôt sur les quais du Havre.

Et, le *Firecrest* maintenant prêt, j'attendais avec impatience de pouvoir reprendre la mer. Enfin, à ma grande joie, vers la fin d'avril, la voile arriva et me fut livrée immédiatement grâce à la complaisance des douanes portugaises. Toutes mes instructions avaient été fidèlement suivies, elle [1]s'établissait[1] parfaitement. De nouveau, le *Firecrest* fut remis à terre, son doublage en cuivre gratté et réparé. J'étais enfin paré et j'envisageais avec joie la perspective de plusieurs mois de navigation, délivré de tous soucis et de toutes contingences terrestres.

Le lundi 6 mai, mes chronomètres réglés, après avoir embarqué des biscuits, du riz et des pommes de terre, et un nouvel [2]habitacle[2] dont un commerçant du pays m'avait fait cadeau, j'avais enfin la joie de pouvoir appareiller vers dix heures du matin. Le capitaine des ports, Daniel Duarte Silva, et l'agent consulaire de France, señor Sarmiento de Vasconcellos e Castro, vinrent à bord. Hissant toutes mes voiles, je glissai doucement dans la brise qui commençait à se lever, salué par les coups de sirène de tous les vapeurs du port, escorté de nombreux amis fort émus du Club sportif Mindelens, en même temps qu'appareillait un petit sloop du même tonnage que le *Firecrest*.

J'avais avec moi plus de trois mois de vivres et j'avais l'intention de gagner directement la France si les vents ne m'étaient pas trop défavorables. Mais, là encore, je ne fus pas très heureux. Les vents alizés dans le Nord-atlantique varient entre l'est-nord-est et le nord. Avec les vents

---

[1] Fitted.   [2] Binnacle.

pris de l'est j'aurais pu faire route presque au nord et ma traversée aurait été rapide. En fait, les vents furent presque toujours plus au nord qu'à l'est et, [1]gardant les amures à tribord[1], je fus entraîné presque au milieu de l'Atlantique.

The Firecrest *calls at the Azores.*

Les vents alizés faiblirent et je pénétrai dans la zone des calmes tropicaux où des brises légères et variables et des grains m'obligèrent à des manœuvres incessantes. Ma progression étant fort lente, j'avais décidé de faire escale aux Açores pour me ravitailler en eau et en fruits et refaire un nouveau [2]ridoir[2] pour remplacer celui qui était brisé. Le lundi 10 juin, je savais que je me trouvais dans le voisinage de l'île d'Horta. Il pleuvait, la visibilité était très mauvaise et, vers le soir, mes yeux cherchaient vainement à percer la brume et à apercevoir la terre que je savais fort proche.

Passant devant la péninsule de Caia, et le Chaudron Infernal, cratère éteint, communiquant avec la mer, je faisais bientôt mon entrée dans le pittoresque port d'Horta, trente-cinq jours après mon départ de Porto-Grande.

Dans le port, plusieurs intéressants navires se succédèrent.

D'abord [3]le vapeur morutier[3] *Terre-Neuve*, qui rentrait des lieux de pêche avec un sympathique équipage de pêcheurs bretons avec lequel le matelot du *Firecrest* aurait aimé faire plus ample connaissance que leur court séjour ne le permit. Ensuite passa le croiseur *Vasco de Gama*, dont les officiers vinrent visiter le *Firecrest* et me retinrent à déjeuner à leur bord. Ce navire détenait le record d'être le plus vieux bâtiment de guerre à flot. Enfin, c'était le vapeur *Providence*, de la Compagnie Transatlantique, dont

---

[1] Keeping on the starboard tack.
[2] Block.   [3] Steam-trawler.

le commandant et les officiers voulaient me combler de vivres; je n'acceptai d'ailleurs que des fruits, restant fidèle en mer à mon régime végétarien. Par la *Providence* j'apprenais qu'on me croyait perdu en France, sur le rapport visionnaire d'un capitaine de vapeur et que la marine de guerre me faisait rechercher.

The last stage is reached.

Cette étape, que je pensais faire en une vingtaine de jours, devenait fort longue, car les vents d'est contraires se succédaient. En fait, je doute que les aviateurs puissent jamais trouver des conditions atmosphériques aussi favorables qu'en juin 1929 pour traverser l'Atlantique de l'est vers l'ouest. Déjà je savais que je ne pourrais pas arriver à temps pour le tournoi de tennis de Wimbledon. En fait, l'approche de ce que beaucoup croyaient devoir être un but ultime me laissait calme, car je savais que ce ne serait pour moi qu'une escale parmi tant d'autres.

Le 20 juillet je pénétrai dans la Manche, à égale distance des côtes anglaises et françaises que je préférais ne pas apercevoir, confiant en la précision de mes observations. Hors de vue des côtes, je savais rencontrer moins de vapeurs. Et cependant, dans ce détroit le plus fréquenté du monde, les risques de collision étaient si grands que je devais veiller nuit et jour. Le 22 au soir, se gouvernant lui-même, le *Firecrest* passa fort près d'un vapeur qui dérivait avec ses filets au large de Start Point. Puis se succédèrent deux jours de calme et de brume. Le 24 me trouva encalminé sur une mer d'huile dans un banc de brume épaisse, la visibilité ne dépassant pas cinquante mètres. Je savais que j'étais entre le Bill de Portland et les Casquets, un peu plus près de la côte anglaise. Je maudissais la disparition d'une [1]corne de brume[1] que l'humidité des tropiques avait rendue inutilisable et que j'avais depuis longtemps jetée à la mer. Vers quatorze heures, la

---

[1] Fog-horn.

brume se dissipa, un chalutier fit le tour du *Firecrest* et je pus lire sur son arrière le nom *Mistinguette*.

Une trompette de brume me fut offerte mais les gens du *Mistinguette*, avant de nous séparer, insistèrent avec beaucoup d'ardeur pour me remorquer sur ma route et je me laissai remorquer jusqu'à Cherbourg, car cela semblait tellement leur faire plaisir. Je n'étais pas non plus fâché de sortir de la brume qui m'obligeait à veiller nuit et jour et, surtout, je voulais tenir une promesse faite à mon ami Jean Borotra de le voir jouer dans la coupe Davis qui commençait le surlendemain.

Il était presque quatre heures lorsque je fus pris en remorque et, à la nuit, j'apercevais les feux de la Hague, les premiers feux aperçus depuis mon départ des Açores. A onze heures nous étions pris de nouveau par une brume intense et, à vitesse réduite, nous entrions dans le port de Cherbourg, et *Mistinguette* venait mouiller près du croiseur *Mulhouse* avec le *Firecrest* [1]en couple[1]. Les pêcheurs braquèrent sur moi leur projecteur et donnèrent quelques coups de sirène, mais personne ne faisait attention à nous.

Après encore une nuit sans sommeil passée en conversation dans [2]le carré[2] de *Mistinguette*, nous appareillions à quatre heures du matin. Le brouillard s'était levé et, passant près de l'arrière du *Mulhouse*, je demandai à [3]l'officier de quart[3] d'envoyer un message annonçant mon arrivée à mon ami Pierre de Pasquier au Havre. Puis le *Mistinguette*, qui retournait sur les lieux de pêche, me remorqua un peu dans le vent dans une mer courte et houleuse, et, lorsque je fus assez au large pour pouvoir doubler Barfleur, [4]je larguai la remorque[4], criant au revoir à mes sympathiques amis d'un jour. Comme je hissai mes voiles, la brise se leva très fraîche du nord-est avec une mer très houleuse. A dix heures je passai le phare et le

[1] Alongside. [2] Cabin.
[3] The officer of the watch. [4] I cast off the tow-rope.

sémaphore de Barfleur et envoyai le code signal distinctif du *Firecrest* OZYU. Le vent était presque debout et [1]je devais le serrer de près[1] contre une mer houleuse. Il ne pouvait être question pour moi d'arriver avant le lendemain.

Toute la journée je serrai le vent de près, gardant constamment en vue un gros trois-mâts que je n'avais guère quitté depuis mon entrée dans la Manche. Le vent et le courant produisaient une mer excessivement houleuse, et le *Firecrest* [2]piquait du nez à travers[2] les lames qui couraient jusqu'à l'arrière. Je devais cependant, le soir, amener ma grand'voile et hisser la voile de cape pour réparer de légères avaries. Le lendemain, au jour, j'étais à trois milles au nord de Port-en-Bessin, la brise avait tourné un peu plus au nord et était maintenant presque debout pour arriver au Havre.

Vers onze heures du matin, un bateau pilote de Caen s'approchait du *Firecrest*. Le patron et un homme me firent une courte visite à bord et semblaient trouver mon côtre étroit plus difficile à manœuvrer que leur large bateau de 25 tonneaux. Enfin, vers l'après-midi, approchait l'aviso l'*Ailette*, qui me cherchait depuis la veille et m'offrait la remorque que j'acceptai à cause de l'impossibilité de rentrer à la voile dans le port du Havre contre la forte houle d'est.

Bientôt s'ouvrait l'entrée des jetées du port, et, sous la Hève, les bateaux pilotes et de nombreuses embarcations de toutes sortes me saluèrent. Enfin, sur [3]un bateau de sauvetage[3], j'aperçus mes grands amis, Pierre du Pasquier et "Coco" Gentien. Telle était notre émotion de nous revoir que nous fûmes de longues minutes avant de pouvoir nous parler.

Mon meilleur et plus fidèle ami, Pierre Albarran, n'était pas là, mais je savais que je le trouverais là-bas, au

---

[1] I had to sail close into the wind.
[2] Was dipping into.   [3] A life-boat.

débarcadère, parmi la foule pressée sur les jetées et dont, pour lui, j'allais affronter la réception.

Après plus de sept cents jours entiers sur la mer, plus de quarante mille milles marins parcourus et des luttes incessantes contre les éléments, je ramenais mon *Firecrest* bien vieux et fatigué dans un port de France.

PHRASES & IDIOMS

1. Il y a deux cents ans.
   Passer la journée sur la barque d'un pêcheur.
   Interne à Stanislas.

   Two hundred years ago.
   To spend the day on a fishing-boat.
   A boarder at Stanislas (a famous school in Paris).

2. Je ne suis pas pressé.
   La manière dont ils ont compris la mer.
   Par tous les temps.
   Plus ou moins.

   I am in no hurry.
   The way in which they have understood the sea.
   In all weathers.
   More or less.

4. Une fois sortis de la baie.
   A quarante milles de distance.

   Once we were out of the bay.
   Forty miles away.

5. Tenter la traversée de l'Atlantique.
   Le 6 juin, à midi.

   Il faisait très beau.

   To attempt crossing the Atlantic.
   At twelve o'clock on the 6th of June.
   The weather was very fine.

6. Une marque connue de thé.
   Il y a loin de la coupe aux lèvres.

   A well-known brand of tea.
   There is many a slip 'twixt the cup and the lip.

7. De 50 à 90 milles marins par jour.
   Je ne m'ennuyais jamais.
   Je disais tout haut.
   Mon deuxième repas de la journée.
   L'air marin.
   Dormir d'un sommeil léger.
   Je n'avais personne à qui parler.

   From 50 to 90 knots a day.
   I was never bored.
   I recited aloud.
   My second meal of the day.
   The sea air.
   To be a light sleeper.
   I had nobody to talk to.

8. Mon bonheur tenait à.
   La plupart du temps.
   J'avais peur de manquer de fil.
   A moitié endormi.
   A mon départ de Gibraltar.

   My happiness lay in.
   For most of the time.
   I was afraid of running short of thread.
   Half asleep.
   When I left Gibraltar.

9. Il pleuvait à torrents.
   Sous les tropiques.
   Plus d'un mois.
   Un tout petit peu d'eau.
   Une petite pluie.
   J'avais aussi soif qu'avant.
   Ne pleuvra-t-il jamais?

   It was pouring with rain.
   In the tropics.
   More than a month.
   A very little water.
   A few drops of rain.
   I was as thirsty as before.
   Will it never rain?

10. Un calme plat. — A dead calm.
Beaucoup plus au sud. — Much further south.
Je pouvais rire en face d'eux. — I could laugh in their faces.
Toute la nuit. — All night.
L'un et l'autre. — Both.
Je n'avais aucune hâte d'arriver. — I was in no hurry to arrive.
Je me sentais chez moi. — I felt at home.
A court d'eau pendant un mois. — Short of water for a month.

11. La forte pluie. — The heavy rain.
Sortant un hameçon et une ligne. — Getting out a hook and line.
J'essayai d'en attraper un. — I tried to catch one.
Ils n'y firent aucune attention. — They took no notice.
Rapide comme l'éclair. — As quick as lightning.
Deux de mes amis. — Two friends of mine.

12. L'inattendu arriva. — The unexpected happened.
Plus rapide encore. — Quicker still.
A profusion. — In plenty.

13. J'en fus quitte pour un bain forcé. — I got off with a ducking.
Plus de 3 milles à l'heure. — More than 3 knots an hour.
Il faisait un sale temps. — It was awful weather.
Le long du pont. — Along the deck.
Prêt à faire face à tout. — Ready to face anything.
Naviguant à la boussole. — Steering by compass.

14. Par une forte mer. — In a heavy sea.
Tomber à la mer. ⎫
Passer par-dessus bord. ⎬ To fall overboard.
J'ai perdu mon équilibre. — I have lost my balance.
Je n'ai plus qu'à consulter. — I have only to consult.
Avoir quelque esprit mathématique. — To have a rather mathematical turn of mind.

15. A dix milles près. — To within ten miles.
Je pouvais à peine en croire mes yeux. — I could scarcely believe my own eyes.
Je ne pouvais pas ne pas être — I could not avoid being...
Environ à mi-hauteur du mât. — About half-way up the mast.

16. Le vent hurle et siffle. — The wind is howling and whistling.
Faire le tour du cap Horn. — To sail round Cape Horn.

17. Je ne portais presque aucun vêtement. — I was wearing hardly any clothes.
Ils prirent leur élan. — They jumped for it.

17. Trois bouteilles de cognac. — Three bottles of brandy.
    Quelques instants après. — A few minutes later.
18. Heureux d'être seul. — Glad to be alone.
    Dans le poisson, jusqu'à la ceinture. — Waist-deep in fish.
    Ils m'accueillirent en souriant. — They gave me a smiling welcome.
    Ils étaient de vrais marins. — They were real sailors.
19. Que pouvais-je faire d'autre? — What else could I do?
    Rester à terre pendant quelques mois. — Spend a few months ashore.
20. Dès le lendemain de mon arrivée. — The very next day after my arrival.
    Du jour au lendemain. — Overnight.
    De toutes les parties du monde. — From all over the world.
21. A vos côtés. — Beside you.
    Cette vie sans lendemain. — That life that leads nowhere.
    Reprendre la mer. — To get back to sea.
22. Beaucoup plus solide. — Much stronger.
23. A la dernière heure. — At the last minute.
    Dire au revoir. — To say good-bye.
    Je m'attends à du gros temps. — I expect rough weather.
    A onze heures du matin. — At eleven in the morning (a.m.).
    A huit heures du soir. — At eight in the evening (p.m.).
24. Un fort vent debout. — A strong head-wind.
    Le lendemain au petit jour. — At daybreak next day.
    Les récifs...avaient valu aux îles le surnom. — The reefs had earned for the islands the nickname.
    Au commencement du xviiᵉ siècle. — At the beginning of the seventeenth century.
    Une nouvelle fois. — Once again.
25. Suivi de plusieurs amis. — Followed by several friends.
    Un canot à moteur. — A motor-boat.
26. Qu'allait-il arriver? — What would happen?
    A ma grande surprise. — To my great surprise.
    Pour ainsi dire. — So to speak.
    Une durée d'au moins un an. — The lapse of at least a year.
27. En hâte. — Hastily.
28. La houle était forte. — There was a heavy swell.
    Avaler d'un seul coup. — To swallow at one gulp.
    L'un d'entre eux. — One of them.
29. Je ne puis parler espagnol. — I can't talk Spanish.
    Les papiers du bord. — The ship's papers.
    Je devais faire une curieuse figure. — I must have looked an odd sight.
    Après une montée presque à pic. — After an almost vertical climb.

30. Tout au début.	At the very beginning.
Je pensai à part.	I thought to myself.
Faire feu sur...	To open fire on...
Il faisait nuit noire.	It was pitch dark.
31. A un moment donné.	Once.
Quelque chose de chaud et d'humide.	Something hot and wet.
32. Les couleurs de mon pays.	My country's flag.
33. Un permis de chasse.	A gun licence.
Une robe de coton d'une seule pièce à longues manches.	A one-piece long-sleeved cotton dress.
34. Occupés à repeindre leurs canots.	Busy repainting their boats.
Travailler à deux.	To work in pairs.
Au loin.	Far away.
35. Fait à la main.	Hand-made.
Prêt à lui porter secours.	Ready to help him.
En général.	As a rule.
J'étais tête nue.	I was bareheaded.
Passer la nuit.	To spend the night.
36. Il se soucie peu de l'argent.	He cares little for money.
Défendu par la loi.	Prohibited by law.
Le plus habile marin de l'archipel.	The cleverest sailor in the islands.
Par certains côtés.	In some ways.
Peu à peu.	Gradually.
Au grand air et au soleil.	In the open air and the sunshine.
37. A fleur d'eau.	Level with the water.
Nulle part dans aucun océan il n'existe.	Nowhere in any part of the sea does there exist.
La marée montait.	The tide was making.
38. De chaque côté.	On either side.
39. A côté du plat.	Beside the dish.
Il ne pouvait en être question.	That was not to be thought of.
L'étranger de passage.	The passing stranger.
Une délicieuse friandise.	An exquisite delicacy.
Pour monotone que fût ce régime.	Monotonous though this diet was.
40. En bonne santé.	In good health.
A une dizaine de brasses sous moi.	Some ten fathoms beneath me.
Fonder un foyer.	To settle down.
41. Je n'en attendais rien.	I expected nothing of it.
Il n'y a non plus aucun pittoresque.	Nor is there anything picturesque.
Tout de même.	All the same.
De grand matin.	Early in the morning.

41.	Huit jours plus tard.	A week later.
42.	Il me retint à déjeuner.	He made me stay to lunch.
	Des souliers genre bains de mer.	Shoes like sand-shoes.
	Un éclatant triomphe.	A brilliant victory.
43.	Je ne suis pas le moins du monde superstitieux.	I am not in the least superstitious.
	Il faisait très sombre.	It was very dark.
	Aux premières lueurs du jour.	With the first gleam of day.
	Contre toutes prévisions.	Contrary to all expectations.
	Une mer agitée.	A rough sea.
44.	Légèrement couché sur le côté.	Lying slightly on one side.
45.	A l'intérieur.	Inside.
	Un bateau large et peu profond.	A broad shallow vessel.
46.	Je faisais connaissance avec les indigènes.	I got to know the natives.
	Les parties se disputaient avec acharnement.	The matches were hotly contested.
	Il poursuivit son chemin.	It made its way.
47.	Par une terrible averse tropicale.	In terrible tropical rain.
	Au petit jour.	At daybreak.
	Je devais me lier encore plus avec.	I was (fated) to become even more friendly with.
48.	A la nuit tombante.	At nightfall.
	Dès le lendemain.	The very next day.
	Un séjour fort agréable.	A very pleasant stay.
49.	Faute de mieux.	For want of something better.
	Après de nombreux insuccès.	After many failures.
	Pour la plupart.	Mostly.
50.	Descendre à terre.	To go ashore.
	En même temps.	At the same time.
	En toute hâte.	Hastily.
	Un homme d'une soixantaine d'années.	A man of sixty or thereabouts.
51.	Il me conta son histoire.	He told me about himself.
	Tout au moins.	At least.
	Des listes en triple partie... un nombre d'états néants.	Lists in triplicate...a number of nil returns.
	Jouer au tennis.	To play tennis.
52.	A mer basse.	At low tide.
	Le tout semblait tenir à peine.	The whole thing seemed to be scarcely holding together.
	(A) bon marché.	Cheap.
53.	A quinze milles de là.	Fifteen miles away.

53. Plusieurs terrains de tennis. — Several tennis-courts.
    En somme. — In fact.
    Ce qui lui semblait bon. — What he thought fit.
    Sur la côte est. — On the east coast.
54. Le surlendemain de mon départ. — Two days after my sailing.
    Au jour. — At daybreak.
    Monter bonne garde. — To keep a good look-out.
55. Le soir de Noël. — On Christmas night.
    La fabrication en série. — Mass production.
    Une ville propre et bien dessinée. — A clean, well laid-out city.
    Les alentours du port. — The harbour district.
    Nos plages de la Manche. — Our Channel resorts.
    Les conventions en usage. — Accepted ideas.
    A perte de vue. — To the horizon.
56. Il vint à ma rencontre. — He came to meet me.
    Faire partie de l'équipe. — To join the team.
    A vol d'oiseau. — As the crow flies.
    La plupart du temps. — Most of the time, usually.
    D'ici là. — Meanwhile.
57. De l'autre côté. — On the other side.
    Pendant de longues années. — For many years.
    De place en place. — At intervals.
58. Il faisait froid et humide. — It was cold and damp.
    Se chauffer devant un feu de bois. — To get warm by a wood fire.
    Je pus constater *de visu*. — I could see with my own eyes that.
    Fait incroyable. — Strange but true.
    Prendre du déplaisir à... — To be annoyed at...
59. En toute sécurité. — Safely.
    Je savais ce qui s'était passé. — I knew what had happened.
    Se rendre à l'évidence. — To bow to fact.
    Il n'y avait aucun signe de vie. — There was no sign of life.
    Je pris en courant la direction du village. — I ran off towards the village.
    Sans me faire comprendre. — Without being understood.
    Quelques mots d'espagnol. — A few words of Spanish.
60. Les bribes de latin apprises à l'école. — The scraps of Latin learnt at school.
    Passer une nuit de repos. — To have a peaceful night.
    Un voilier de quarante tonneaux. — A 40-ton sailing ship.
60. Le *Firecrest* faisait beaucoup d'eau. — The *Firecrest* was leaking badly.
    Rebrousser chemin. — To turn back.

61. Était-ce bien là les senti-   Was that the real reason why I
ments qui me firent agir   acted thus?
ainsi?
Une baie entourée de hautes   A bay enclosed by high moun-
montagnes.   tains.
Aussi loin que peuvent por-   As far as eye can see.
ter les regards.

62. À terre.   Ashore.
En vérité.   In fact.
Tirer sa subsistance des   To make a living from tourists.
visiteurs.
En quelque sorte.   As it were.
Une grande bonté de cœur.   Great kindness.

63. Mes mains calleuses et   My hard horny sailor's hands.
durcies de matelot.
Par écrit.   In writing.
De temps en temps.   Occasionally.
Faire une partie de tennis.   To have a game of tennis.
Un fervent des sports.   A keen sportsman.
Retrouver les mers du sud.   To get back to the south seas.
Faire une conférence.   To give a lecture.
Ils insistèrent pour me   They insisted on my accepting
faire accepter des vête-   some clothes.
ments.

64. Sur ma plainte.   On my complaining.
Au vieux temps.   In the old days.
Petit à petit.   Gradually.
C'était une corvée d'écrire.   It was a labour to write.
Les braves vents d'ouest.   The good westerly winds.
À temps pour...   In good time for...

65. Faire naufrage.   To be shipwrecked.
Au large de Porto.   Off Oporto.
Le lundi 6 mai.   On Monday the 6th of May.
Vers dix heures du matin.   About 10 a.m.
Les vents pris de l'est.   Winds blowing from the east.
Gagner directement la   To make straight for France.
France.

66. Au milieu de l'Atlantique.   In mid-Atlantic.
Faire escale aux Açores.   To call at the Azores.
Les lieux de pêche.   Fishing-grounds.
Détenir un record.   To hold a record.

67. Hors de vue des côtes.   Out of sight of land.
Veiller nuit et jour.   To keep watch day and night.
Un peu plus près de la côte.   Rather nearer the coast.

68. La brume se dissipa.   The mist cleared.
Avant de nous séparer.   Before parting company.
Tenir une promesse.   To keep a promise.
À vitesse réduite.   At reduced speed.

69. De légères avaries.   Slight damage.
    Rentrer à la voile dans le   To sail into port.
    port.
    De nombreuses embarca-   Many vessels of all kinds.
    tions de toutes sortes.
70. Pour lui.   For his sake.

GLOSSARY

s'**abaisser,** to fall
abîmer, to destroy
au premier **abord,** first
d'**abord,** first
aborder, to land; to ram
à l'**abri de,** sheltered by; sheltered from
abriter, to shelter
une **accalmie,** lull
acclamer, to cheer
accorder, to grant
un **accueil,** welcome
accueillir, to welcome
un **acharnement,** keenness, ferocity
un **achat,** purchase
achever, to finish
un **acier,** steel
un **à-coup,** jerk, sudden stop
actuellement, now, at this time
s'**adresser à,** to apply to
affectionner, to love, to prefer
affreux, terrible
affronter, to face
il s'**agit de,** it is a case of
agité, rough
une **agonie,** death-struggle
s'**agrandir,** to increase
une **aiguille,** needle
ailé, winged
d'**ailleurs,** moreover
ainsi que, as
une **aisance,** ease
aisé, easy
les **alentours,** surroundings
alerter, to warn
une **algue,** sea-weed
alimenter, to supply, to feed
alizé: *le vent alizé,* trade-wind
allonger, to stretch out
allumer, to light
alors que, whereas, although

une **amabilité,** kindness
une **amande,** almond, kernel (of any nut)
une **amarre,** rope
un **amas,** mass, group
amener, to haul in, to bring
amical, friendly
(s')**amonceler,** to pile up
amortir, to deaden, to reduce
à l'**ancre,** at anchor
une **angoisse,** pain, hardship
un **anneau,** ring
d'**antan,** of former times
apaiser, to quieten, to moderate
apercevoir, to catch sight of
s'**apercevoir de,** to realise
apparaître, to appear
un **appareil de chasse,** fighter (aeroplane)
appareiller, to set sail
appartenir, to belong
un **appât,** bait
apprécier, to estimate
apprendre, to learn, to teach, to inform
approvisionner, to take supplies
d'**après,** according to
un **arc,** bow
un **archipel,** island-group
un **arçon,** saddle-bow
ardent, burning
aride, dry, barren
un **armement,** equipment
arrêter, to stop
un **arrière,** stern
en **arrière,** backwards
arriver à, to succeed in
un **ascenseur,** lift
asperger, to sprinkle
une **aspiration,** breathing
assez, enough, rather
assis, sitting, situated

une **assistance,** audience, company
assister à, to be present at, to watch
un **astre,** star
atroce, terrible
atteindre, to reach
une **atteinte,** reach, range
s'**attendre à,** to expect
un **atterrissage,** landfall, landing
attirer, to attract
attraper, to catch
attrister, to make sad
une **aube,** dawn
augmenter, to increase
une **aumône,** alms, charity
auparavant, before
une **aussière,** hawser
aussitôt, at once
autant...que, as many... as
un **auteur,** author
avaler, to swallow
un **avant,** bow
l'**avant-veille,** two days before
une **avarie,** damage
à l'**avenir,** in future
une **averse,** downpour
une **avidité,** greed
un **aviron,** oar
un **avis,** opinion
un **aviso,** dispatch-boat
avouer, to admit

le **bâbord,** port
la **baie,** bay
(se) **baigner,** to bathe
le **baigneur,** bather
le **bain,** bath, bathing
baisser, to lower, to drop
le **balancier,** outrigger
balayer, to sweep
la **balise,** buoy
le **banc,** bank, bench
la **bande:** *donner une bande,* to heel over
la **barque,** boat
la **barre,** tiller
le **bassin,** dock
le **bateau-feu,** lightship

le **bâtiment,** building, boat
battre, to beat, to fly (a flag)
bêche: *l'anglais bêche,* 'pidgin' English
le **bélier,** ram
bénir, to bless
bercer, to rock
le **berthon,** the Berthon collapsible boat
la **bibliothèque,** library
bien, well, very, indeed
bien que, although
les **biens** (m.), possessions
le **bijou,** jewel
le **billard,** billiard-table
le **blanchisseur,** laundryman
la **blessure,** wound
la **boîte,** box, tin
la **boîte de conserves,** tinned food
le **bonheur,** happiness
la **bonté,** goodness
à **bord,** on board
le **bordage,** bulwarks
border, to border
la **bordure,** edge
la **botte,** top-boot
bouillir, to boil
le **bouillonnement,** seething
le **boulon,** bolt
la **boussole,** compass
le **bout,** end
braquer, to aim, to level
la **brasse,** fathom
la **bribe,** scrap
la **bride,** bridle
(se) **briser,** to break
le **brouillard,** fog
le **bruit,** noise
brûler, to burn
la **brume,** mist
bruni, tanned
brutal, rough
bruyant, noisy
le **buisson,** bush
le **but,** goal, objective

la **cabane,** hut
câbler, to cable
le **cadeau,** present
la **cadence,** rhythm
le **cadre,** framework, scope

le **cafard,** cockroach
la **caisse,** chest; *caisse à eau,* reservoir
la **cale,** hold
le **calfatage,** caulking
calleux, horny
la **campagne,** country; *tenir la campagne,* to keep to the open
la **canalisation,** system of channels
le **canot,** small boat
le **cardan,** universal joint
la **carène,** keel
la **cargaison,** cargo
la **carrière,** career
la **carte,** map, chart
la **cartouche,** cartridge
la **case,** hut
le **casque,** helmet
casser, to break
la **casserole,** pan
la **ceinture,** belt
cependant, however, meanwhile
certes, certainly
la **chair,** flesh
le **chaland,** barge
la **chaleur,** heat
la **chaloupe,** sloop
le **chalutier,** trawler
le **champ de courses,** racecourse
le **championnat,** championship
la **chance,** luck
le **chantier,** works, shipyard
le **charbon,** coal
charbonner, to coal
charger, to load
le **charpentier,** carpenter
chasser, to hunt, to shoot
le **chaudron,** cauldron
chauffer, to warm
la **chaussette,** sock
le **chef de service,** manager
la **chemise,** shirt
le **chêne,** oak
chercher à, to try to
le **choc,** bump, jolt
le **choix,** choice
la **cime,** top

cirer, to wax, to polish
la **citerne,** reservoir
le **citron,** lemon
la **clairevoie,** hatch
la **cloche,** bell
le **clocheton,** little belfry
le **cochon,** pig
le **cocotier,** cocoanut-palm
le **cognac,** brandy
coiffé de, wearing (on the head)
le **collège,** school
coller, to stick
la **colline,** hill
le **colon,** colonist
la **colonne vertébrale,** spinal column
combler, to heap, to shower upon
commander, to order
le **commencement,** beginning
le **commerçant,** trader
compenser, to counterbalance
la **complainte,** dirge
la **complaisance,** kindness
comporter, to include
se **comporter,** to behave
comprendre, to understand
pour le **compte de,** acting for
compter, to count
concevoir, to realise, to imagine
le **concours,** help
la **concurrence,** competition
conduire, to drive, to lead, to manage
se **conduire,** to behave
la **conférence,** lecture
la **confiance,** confidence
la **confiture,** jam
le **congénère,** fellow-creature
la **connaissance,** knowledge, acquaintance
consacrer, to devote
la **conserve,** preserved food
conserver, to keep
constater, to notice, to prove
conter, to tell

la **contingence,** accident
contourner, to turn
contre, against, beside
le **contrebandier,** smuggler
le **contre-coup,** counter-blast
convenir, to suit
le **convive,** guest
la **coque,** hull
le **coquillage,** shell, shell-fish
le **cordage,** rigging, ropes
corrompre, to spoil, to ruin
le **corsaire,** pirate
la **corvée,** drudgery
la **côte,** coast
à **côté de,** beside; *à vos côtés,* beside you; *pour certains côtés,* in some respects
le **côtre,** cutter
la **couche,** layer
la **couchette,** bunk
coudre, to sew
couler, to flow
le **coup,** blow; *coup de vent,* gust, squall
la **coupe,** cup
le **courrier,** mail
court, short
la **courtoisie,** courtesy
coûter, to cost
la **coutume,** custom
la **couture,** seam
la **couverture,** blanket, rug
créateur, creative
crémeux, creamy
la **crête,** crest, top
creux, hollow
le **creux,** dip, gap
croiser, to cruise
le **croiseur,** cruiser
la **croisière,** cruise
croître, to grow
le **croquis,** sketch
cuire, to cook
la **cuisine,** cooking, kitchen
le **cuisinier,** cook
le **cuivre,** copper
le **culte,** practice

la **daurade,** gilt-head (fish), dorado

le **débarcadère,** landing-stage
déborder, to overflow
le **début,** beginning
décevant, disappointing
déchiqueté, jagged
déchiqueter, to tear up
la **déchirure,** rent
découpé, in clear outline
la **découverte,** discovery
dédaigner, to scorn
défendre, to defend, to forbid, to prevent
déferler, to break (waves)
défigurer, to disfigure, to spoil
déformer, to distort, to travesty
la **défroque,** cast-off clothing, rag
les **dégâts** (m.), damage
déguenillé, ragged
délabré, tumble-down
démesurément, enormously
la **demeure,** house
demeurer, to stay, to remain
démonté, wild
la **dénonciation,** informing
dépasser, to exceed
dépaysé, lost, strange
(se) **déplacer,** to move
le **déplaisir,** annoyance
le **dépliage,** unfolding
le **dépôt,** delivery
dépourvu (de), deprived (of), short (of)
dériver, to drift
dès (que), as soon as
désespéré, desperate
désormais, henceforth
le **dessein,** plan, intention
dessiner, to draw, to design
(au, en) **dessous** (de), beneath
(au) **dessus** (de), above
le **destin,** fate
destructeur, destructive
détenir, to hold
le **détroit,** strait
détruire, to destroy
devant, in front of
déverser, to empty

deviner, to guess, to imagine
devoir, to owe, to be obliged to
le dimanche, Sunday
la direction, management, direction
diriger, to direct
se diriger à, to head for
le discernement, discrimination
discuter, to discuss
disparaître, to disappear
la disparition, disappearance
disposer, to arrange
la disposition, aptitude, disposal
se dissiper, to clear, to lift
le divertissement, entertainment
le dommage, damage
donc, therefore, so
la dorade, gilt-head, dorado (fish)
un doris, a small boat, dory
la douane, Customs
le doublage, lining
doucement, slowly, gently
se douter de, to suspect
doux: l'eau douce, fresh water
droit, straight, right
dubitatif, doubtful
dur, hard, rough
durcir, to harden
la durée, duration, period

les ébats (m.), activities, sport
éblouir, to dazzle
un écart, difference, error
échancré, cut down
échanger, to exchange
échapper (à), to escape
un échouage, grounding
échoué, ashore
(s')échouer, ro run aground
un éclair, flash of lightning
un éclairage, lighting
un éclat de rire, roar of laughter
éclatant, brilliant
s'éclipser, to disappear

une écluse, lock
s'écouler, to pass, drip
écraser, to crush
écrire, to write
par écrit, in writing
un écrivain, writer
une écume, foam
un édifice, structure, house
effectuer, to bring about
en effet, indeed
effrayer, to frighten
effroyablement, fearfully
égal, equal
une égratignure, scratch
un élan, dash, leap
s'élancer, to rush
(s')élever, to rise
élogieux, complimentary
éloigné, distant
s'éloigner (de), to get away (from)
une embarcation, boat
une embouchure, mouth
une embrasure, recess
les embruns (m.), spray
un émissaire, agent
emmener, to take away
émousser, to blunt, to dim
s'emparer de, to take up, capture
empêcher, to prevent
emprunter, to borrow
ému, excited
une encâblure, cable's length
encaissé, shut in
encalminé, becalmed
encombré, crowded, covered
encore, yet, still, again
endommagé, damaged
endormi, asleep
un endroit, place
une enfance, childhood
enfantin, childish
enfermer, to shut in, to enclose
enfler, to swell
enfoncer, to thrust, to drive
s'enfuir, to run away
s'engager, to enter
enjamber, to step over, to step out of

enlever, to remove
ennuyer, to bore
s'**enrichir,** to get rich
ensevelir, to bury
ensoleillé, sunny
entassé, piled, crowded
entendre, to hear, to understand
entonner, to intone
entourer, to surround
entraînant, attractive
un **entraînement,** training, practice
entraîner, to train, to drag, to carry away
entreprendre, to undertake
un **entrepreneur,** contractor
entretenir, to keep up, to keep in repair
envahir, to invade
un **envahissement,** invasion
environ, about
envisager, to consider
s'**envoler,** to fly away
envoyer, to send
une **épine,** thorn
une **éponge,** sponge
une **épouvante,** fear
une **épreuve,** test, ordeal
éprouver, to experience, to test
épuisé, exhausted
épuiser, to exhaust, to empty
un **équilibre,** balance
un **équipage,** crew
une **équipe,** team, gang
équiper, to fit out
une **ère,** period
ériger, to erect
une **escale,** (port of) call
un **escalier,** staircase
espagnol, Spanish
une **espèce,** sort, kind
espérer, to hope
un **espion,** spy
essayer, to try
s'**établir,** to settle
un **étage,** storey
étanche, water-tight
une **étape,** stage, section
éteint, extinct

s'**étendre,** to extend
étendu, extended, lying
étinceler, to sparkle
une **étoffe,** cloth
une **étoile,** star
un **étonnement,** astonishment
une **étoupe,** tow
un **étranger,** foreigner, stranger
une **étrave,** bow
un **être,** creature
étroit, narrow
évanoui, unconscious
un **événement,** event
éviter, to avoid, to prevent
une **évolution,** movement
exempt de, free from
exigu, tiny
expédier, to send
une **explication,** explanation
expliquer, to explain
extraire, to extract

la **fabrication,** manufacture, product; *la fabrication en série,* mass production, mass product
fâché, annoyed
le **factionnaire,** sentry
faible, weak, slight
faiblir, to become weak, to die down
faire de l'eau, to leak
faire face à, to face
faire part, to inform
le **fait,** fact
la **falaise,** cliff
farouche, fierce
la **fatalité,** fate
faute de, for want of
faux, false
fendre, to cleave
le **fer,** iron
la **ferraille,** scrap-iron
fervent, enthusiastic
la **ferveur,** enthusiasm
le **festin,** feast
le **feu,** fire, lighthouse
fidèlement, faithfully
fier, proud
se **fier à,** to trust
la **fierté,** pride

la **fièvre,** fever, high tempera-
 ture
le **fil,** thread, wire
le **filet,** net
la **fin,** end
prendre **fin,** to come to an end
la **firme,** firm, business house
le **fixe-chaussettes,** sock-
 suspender
le **flanc,** side
 flatter, to flatter
la **flèche,** arrow
à **fleur de,** on a level with
le **flot,** wave; *à flot,* afloat
la **flotte,** fleet
 flotter, to float
à la **fois,** at the same time
le **fonctionnaire,** government
 official
le **fond,** bottom
 fonder, to found
à **force de,** as a result of
 forcément, necessarily
 formidable, terrible
 fortuné, rich
 fouetter, to lash
la **foule,** crowd
 fournir, to supply
le **fournisseur,** tradesman
la **fourrure,** fur, coat (of an
 animal)
le **foyer,** home
la **fraîcheur,** coolness
 fraîchir, to turn cool, to
 freshen
 frais, fresh, cool
 franc, frank
 fréquenter, to visit fre-
 quently
la **friandise,** delicacy
 frotter, to rub
la **fumée,** smoke

 gagner, to make for, to
 win
 garantir, to protect
le **garde-côtes,** coastguard
 garder, to keep
 garnir, to fit
le **gaspillage,** waste
 gâter, to spoil
le **génie,** genius

le **genre,** class, type
le **geste,** action
le **gibier,** game
 gît, (there) lies
le **gîte,** list (of a ship)
 glissant, slippery
la **goélette,** schooner
la **gorge,** throat
 goudronné, tarred
 goûter, to enjoy, to taste
la **goutte,** drop
le **gouvernail,** rudder
 gouverner, to steer
le **grain,** squall
la **graisse,** grease
 gratter, to scrape
le **gréement,** rigging
 grièvement, seriously
 grimper, to climb
le **grognement,** grunt
 gros: *le gros temps,* foul
 weather
 guetter, to watch for

une **habileté,** skill
une **habitude,** habit
 habituellement, usually
 haler, to haul
un **hameçon,** hook
 harmonieux, tuneful, musi-
 cal
la **hâte,** haste
 havrais, of Le Havre
 hisser, to hoist
un **hiver,** winter
 hiverner, to spend the winter
le **hochement,** shaking, nod-
 ding
 hors de, out of
un **hôte,** host, guest
la **houle,** swell
une **huile,** oil
une **huître,** oyster
une **humidité,** dampness
 hurler, to roar, scream

un **îlot,** islet
 imbuvable, undrinkable
qu'**importe,** what matter!
 importuner, to annoy
 impressionnant, exciting,
 impressive

impuissant, helpless
imputrescible, rot-proof
inattendu, unexpected
incessant, ceaseless
incliné, sloping
inconnu, unknown
un **inconvénient,** disadvantage
incroyable, incredible
un **indigène,** native
indignement, basely
indispensable, essential
inédit, original
informe, shapeless
un **ingénieur,** engineer
inhabité, uninhabited
innombrable, countless
inonder, to flood, to deluge
inoubliable, unforgettable
inquiet, worried
inquiétant, alarming
un **insuccès,** failure
une **intempérie,** bad weather
interdit, forbidden
intéressé, selfish
un **intermède,** interval
un (une) **interne,** boarder (in a school)
inutilisable, useless
invraisemblable, incredible
un **isolement,** isolation
ivre, thrilled, drunk
une **ivresse,** thrill, drunkenness

jadis, formerly, once
jaillir, to spurt up
la **jetée,** pier, jetty
la **jeunesse,** youth
jouer, to play
le **jour,** day, daylight; *au petit jour*, at daybreak
de **justesse** (adv.), just

lâcher (prise), to let go
la **lame,** wave
lancer, to launch
le **lard,** bacon
le **large,** the open sea
la **largeur,** beam, width
le **lecteur,** reader
léger, light, slight
le **lendemain,** the day after

lent, slow
le **lest,** ballast
la **lèvre,** lip
libre, free
le **lien,** bond
lier, to bind
se **lier avec,** to become friendly with
au **lieu de,** instead of
limpide, clear
le **livre de bord,** log
livrer, to deliver, supply
se **livrer à,** to devote oneself to
loin, far
le **long de,** along
longer, to pass beside
lourd, heavy
la **lueur,** glow
la **lumière,** light
les **lunettes** (f.), spectacles
la **lutte,** struggle

la **main d'œuvre,** labour
maint, many; *maintes fois,* many a time
maintenir, to support
le **maire,** mayor
la **maison,** house, firm
maladroit, clumsy
la **malchance,** bad luck
malchanceux, unlucky
malgré, in spite of
malheureux, unhappy, unlucky
malin, malicious
la **manche,** sleeve
la **manie,** craze
la **manœuvre,** handling, (pl.) rigging
manœuvrer, to handle
le **manque,** lack
manquer (de), to run short (of), to miss
le **maquereau,** mackerel
le **marchand,** dealer
la **marche,** walk, speed
le **marché,** market; (*à*) *bon marché,* cheap
la **marée,** tide
le **marin,** sailor
marin (adj.), sea

la **marine,** navy
la **marque,** brand
masquer, to hide
le **mastic,** putty
le **matelot,** sailor
la **mâture,** mast
maudir, to curse
méfiant, suspicious
se **méfier de,** to suspect, to be wary
meilleur, better, best
le **mélange,** mixture, blend
mélanger, to mix
de **même,** similarly
menacer, to threaten
mener, to lead
mensonger, lying
méprisant, scornful
merveilleux, marvellous
à **mesure que,** in proportion as
le **métier,** occupation
mettre à contribution, to call upon
à **mi-hauteur de,** half-way up
le **ministère,** ministry
minuscule, tiny
minutieux, detailed
la **mise au point,** overhaul
les **mœurs** (f.), customs, way of living
moindre, smallest
la **moitié,** half
mollir, to slacken
la **montée,** climb, hill
montrer, to show; *faire montre de,* to show
la **monture,** mount, steed
le **morceau,** piece
mordre, to bite
mou, soft
le **mouillage,** anchorage
mouiller, to soak, to anchor
la **mousse,** moss
moutonneux, fleecy, foaming
le **moyen,** means
la **moyenne,** average
se **munir de,** to provide oneself with
le **mur,** wall
mûr, ripe

la **nacre,** oyster-shell, mother-of-pearl
nager, to swim
naïf, simple, straightforward
la **naissance,** birth; *prendre naissance,* to originate
natal, native
la **natte,** mat, matting
le **naturel,** native
le **naufrage,** shipwreck; *faire naufrage,* to be wrecked
naufragé, shipwrecked
né, born
néanmoins, nevertheless
le **négrillon,** nigger-boy
le **néophyte,** new convert
la **nervure,** stem
net, neat
la **netteté,** neatness, clearness
nettoyer, to clean
le **nez,** nose
nier, to deny
le **niveau,** level
nocturne, nocturnal
le **nœud,** knot; *le nœud coulant,* slip-knot
la **noix,** nut, shell
nombreux, numerous
la **nourriture,** food
à **nouveau,** again
de **nouveau,** again
nu, naked
le **nuage,** cloud
nullement, not at all

occasionner, to cause
un **occident,** west
une **œuvre,** work (of art)
une **ombre,** shadow
un **orage,** storm
une **oreille,** ear
un **originaire,** native
un **os,** bone
oser, to dare
d'**où,** from which
un **ouragan,** hurricane
en **outre,** also
un **ouvrier,** workman

le **pagne,** loin-cloth
païen, pagan

paisible, peaceful
le panache, plume, crest
le pantalon, trousers
la paperasserie, 'red-tape'
le paquebot, liner
le paradis, paradise
paradoxal, unlikely
parcourir, to cross, to pass along
par-dessus bord, overboard
paré, equipped, 'fitted-out'
le pareu, loin-cloth
parfait, perfect
parfumé, sweet-scented, of strong scent
le parler, language
parmi, among
la paroi, side
la part, share; d'autre part, on the other hand; nulle part, nowhere
partager, to share
la partie, part, match; faire partie de, to belong to
partout, everywhere
parvenir, to reach, to succeed
le pas, step
la passe, strait, channel
passionnant, exciting, absorbing
le pasteur, clergyman (protestant)
la patate douce, yam
le pâté, mass, patch
le patois, dialect
le patron, skipper
la patte, foot; à larges pattes, bell-bottomed
le pavillon, flag
le pays, country, compatriot
le paysage, scenery, landscape
la peau, skin
la pêche, fishing
le pêcheur, fisherman
peindre, to paint
la peine, difficulty, hardship; à peine, scarcely
le peintre, painter

la pelouse, lawn
le penchant, inclination
pénible, painful, hard, unpleasant
la péniche, barge
la pénombre, half-light
percer, to pierce
périlleux, dangerous
la péripétie, adventure
la perspective, prospect
la perte, loss; à perte de vue, to the horizon
pesant, weighty
peser, to weigh
le pétrole, paraffin
peupler, to populate
le phare, lighthouse
à pic, perpendicular
le pic, peak
le piège, trap
le pieu, stake, pile
pieusement, reverently
le pin, pine
pincer, to pinch
le piquet, pole, stake
la pirogue, canoe
la piste, track
la place, square, place; de place en place, here and there
la plage, beach
se plaindre, to complain
la plainte, complaint
la plaisanterie, joke
le plaisir, pleasure
la planche, plank
le plancher, floor
le plat, dish
plat, flat; un calme plat, a dead calm
plein, full; en plein océan, in mid-ocean
le pleuvoir, to rain
le plomb, lead
le plongeon, dive
plonger, to dive, dip
la plume, pen
la plupart, most, majority
plusieurs, several
plutôt, rather
la poche, pocket
la poêle à frire, frying-pan

le **poids,** weight
le **poisson,** fish
pomper, to pump
le **pont,** deck
le **port,** harbour, wearing, bearing
la **portée,** range
poser, to place
posséder, to possess
le **poste d'équipage,** forecastle
le **potager,** kitchen-garden
le **pot au noir,** 'glue-pot'
pour...que, however
poursuivre, to pursue
pourtant, yet
le **pourtour,** circumference, edge
pourvoir à, to provide for
pousser, to push, to grow, to urge; *pousser un cri,* to utter a cry
la **poussière,** dust
se **précipiter,** to rush
se **préciser,** to become definite
près (de), near; *à dix milles près,* to within ten miles
presque, almost
pressé, in a hurry
prêt, ready
prétendre, to claim, to maintain
la **prétention,** claim
prêter, to lend
la **prévenance,** thoughtfulness
la **prévision,** expectation
prévoir, to foresee, to provide for
la **primeur,** first use, monopoly
primordial, chief
le **printemps,** spring
la **prise d'eau,** hydrant
privé, private
le **procédé,** process, method
prochain, next
proche, near
le **profane,** outsider, uninitiated
se **profiler,** to be outlined
le **projecteur,** searchlight
le **projet,** plan, idea
propre, clean

la **propreté,** cleanliness
le **propriétaire,** owner
proscrire, to forbid
la **provision,** store
à **proximité de,** near
le **pylône,** mast (wireless)

le **quai,** quay
quelque part, somewhere
la **queue,** tail
la **quille,** keel
quitte, free; *en être quitte pour,* to escape with
quoique, although

la **rade,** roadstead
la **rafale,** gust
rafraîchir, to cool, to refresh
la **raison,** reason; *en raison de,* because of
rallier, to make for
ramener, to bring back
râpé, grated
par **rapport à,** as regards, in respect of
rapporter, to bring back, to gain
(se) **rassembler,** to gather
les **ravages** (m.), damage
le **ravin,** ravine
le **ravitaillement,** refit
rebrousser chemin, to turn back
les **rechanges** (m.), spares; *de rechange* (adj.), spare
le **réchaud,** stove
rechercher, to search
le **récif,** reef
le **récit,** story
récolter, to gather, to harvest
recueillir, to collect, to take
reculer, to recoil, to shrink from
redouter, to fear
réduire, to reduce
le **reflet,** reflection
regagner, to reach, to get back to

le **régime,** diet
réglementer, to regulate
régler, to regulate
à **regret,** sorrowfully
regretter, to miss, to long for, to be sorry
rehisser, to haul up again
se **relever,** to rise again
remettre, to put back; *se remettre à*, to get back to (a habit); *remettre en état*, to repair
remorquer, to tow
le **remous,** eddy
remplacer, to replace
remplir, to fill, to perform
remuer, to move
rencontrer, to meet
rendre, to make, to give back
se **rendre,** to surrender, to go
renfermer, to contain
renforcer, to reinforce, to increase
renoncer à, to give up
renouveler, to renew
le **renseignement,** information
réparateur, refreshing
repartir, to start again
le **repas,** meal
repeindre, to repaint
le **répit,** respite, grace
la **réponse,** answer
le **repos,** rest
se **reposer,** to rest
reprocher, to blame
le **requin,** shark
la **résidence,** residency
résoudre, to decide, to solve
respiratoire, breathing (adj.)
la **ressource,** resource, supply
rester, to remain
le **retard,** lateness, delay
retarder, to delay, to slow down
retenir, to keep, to keep back
retentissant, ringing
retirer, to pull out
le **retour,** return; *être de retour* to be back

se **rétrécir,** to narrow
réunir, to join
réussir, to succeed
la **réussite,** success
le **rêve,** dream, ideal
rêver, to dream of
revernir, to revarnish
le **rideau,** curtain
le **rivage,** shore
la **robustesse,** strength
rompre, to break
ronger, to gnaw
le **rongeur,** rodent
le **rouleau,** roller
le **roulis,** rolling
rude, rough, hardy
la **rue,** street
rugir, to roar

le **sable,** sand
sage, sensible
sain, healthy
la **saison,** season
sale, dirty
salé, salted
la **salle,** room
saluer, to greet
le **sang,** blood
la **santé,** health
le **sapin,** pine, deal
saumâtre, brackish
sauter, to jump, rush
faire **sauter,** to blow up
le **savant,** scholar, expert
la **saveur,** taste
le **savon,** soap
la **scierie,** saw-mill
le **scorbut,** scurvy
la **scorie,** slag, lava
scruter, to examine
la **séance,** performance
le **seau,** bucket
sécher, to dry
secouer, to shake, to toss
le **secours,** help
la **secousse,** shock
sectionner, to cut up
séduire, to charm
le **séjour,** stay
le **sémaphore,** signal-station
semer, to sow, to sprinkle
la **sensibilité,** sensitive nature

sensiblement, considerably

le **sentier,** path

sentir, to feel; *se sentir chez soi,* to feel at home

septentrional, northern

si...que, however

siffler, to whistle, howl

le **sillage,** track

le **sobriquet,** nickname

la **soif,** thirst

soigné, careful

soigneusement, carefully

soit...ou, either...or

le **sol,** ground

solide, strong

sombre, dark, gloomy.

la **somme,** sum; *en somme,* in fact

le **sommeil,** sleep

le **sommet,** top

songer, to think, to dream

le **sort,** fate

la **sorte,** sort; *de sorte que,* so that; *en quelque sorte,* as it were, almost

le **souci,** worry

se **soucier de,** to care about

soudain, sudden, suddenly

le **souffle,** breath, puff

souffler, to blow

souffrir, to suffer

soulever, to raise, to lift

le **soulier,** shoe

soumettre, to submit

sourd, dull, muffled

sourire, to smile

le **sous-marin,** submarine

la **soute,** store-room

soutenir, to support

soutenu, continuous

se **souvenir de,** to remember

le **squale,** shark

la **stupéfaction,** amazement, dismay

subir, to undergo, to suffer

subitement, suddenly

subsister, to exist, to persist

succéder, to follow

successivement, in order

la **sucrerie,** sugar-refinery

suffisamment (de), enough

suinter, to exude

supplier, to beg

supporter, to endure, to stand

supprimer, to suppress, cut out

le **surlendemain,** two days after

surmonter, to overcome, to overhang

le **surnom,** nickname

surtout, especially

surveiller, to supervise, to manage

survenir, to follow, to occur

survivre, to survive

la **sympathie,** friendliness

sympathique, friendly, pleasant

la **taille,** stature

le **tailleur,** tailor

tandis que, whereas

le **tangage,** pitching

tard, late

la **teinte,** tint

témoigner, to show

la **tempête,** storm

tendre à, to tend to

tenir, to hold, to keep together

tenir à, to depend on

tenir de, to resemble

la **tentative,** attempt

tenter, to attempt

la **tenue,** appearance, smartness; *la tenue à la mer,* seaworthiness

le **terrain,** ground

la **Terre-Neuve,** Newfoundland

terrestre, land (adj.)

la **tige,** stalk, stem

le **tire-bouchon,** corkscrew

tirer, to pull, to fire, to shoot, to derive, to draw

le **tiroir,** drawer

tisser, to weave

le **tissu,** cloth

titanesque, gigantic

la **toile,** canvas, 'duck'
le **toit,** roof
la **tôle ondulée,** corrugated iron
le **tonneau,** barrel, ton
le **tonnerre,** thunder
la **tortue,** turtle
tôt, soon, early
le **tourbillon,** whirlwind, swirl
le **tournoi,** tournament
tout à fait, quite
la **traction,** pull
le **trait,** feature
le **trajet,** crossing, voyage
transmettre, to transmit
la **trappe,** trap-door
à **travers,** through, across
en **travers de,** across
la **traversée,** crossing
trébucher, to stumble
tremper, to soak
tresser, to plait
le **tribord,** starboard
le **tricot,** jersey
trier, to sort out, to sift
la **tristesse,** sadness
le **trois-mâts,** schooner
la **trombe d'eau,** waterspout
le **tronc,** trunk
le **trou,** hole
la **T.S.F.,** wireless (Téléphonie Sans Fil)
tuer, to kill
le **tuyau,** pipe
le **tympan,** ear-drum

à l'**usage de,** for the use of
une **usine,** factory
utile, useful

le **vacarme,** din

la **vague,** wave
vaillamment, gallantly
valoir, to be worth, to earn
la **vanne,** sluice-gate
le **vapeur,** steamer
la **vedette,** launch
veiller, to keep watch
le **vent,** wind
le **ventre,** belly
la **verdure,** vegetation
vérifier, to test
le **versant,** side
le **vêtement,** clothing
vêtir, to dress
la **viande,** meat
le **vidage,** gutting
vif, lively
vis-à-vis, towards, opposite
visionnaire, imaginary
la **vitesse,** speed
vivace, lively
vivre, to live
les **vivres** (m.), provisions
voguer, to wander
la **voie,** path; *la voie d'eau,* leak
la **voile,** sail; *faire voile,* to sail
le **voilier,** sailing-ship
le **vol,** flight; *à vol d'oiseau,* as the crow flies
voler, to fly, to rob, to steal
volontiers, willingly, readily
vorace, greedy
le **vouloir,** will
la **vue,** view

la **zone,** region; *zone poisson-neuse,* fishing-ground

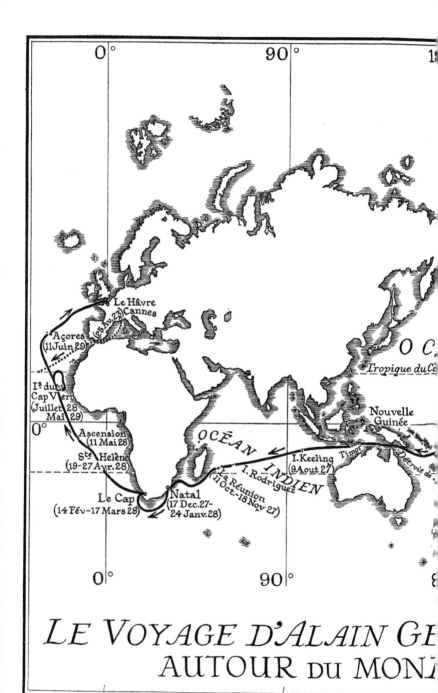

LE VOYAGE D'ALAIN GE
AUTOUR DU MONI

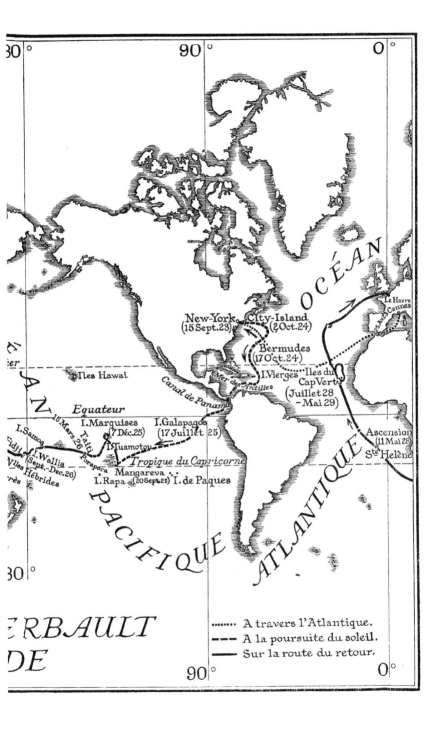

30° 90° 0°

OCÉAN

New-York (15 Sept.23) City-Island (2 Oct.24)

Bermudes (17 Oct.24)

Le Havre
Cannes

Iles Hawaï

Canal de Panama

Mer des Antilles

I.Vierges Iles du Cap Vert (Juillet 28 -Mai 29)

Équateur

I.Marquises (7 Déc.25) I.Galapagos (17 Juillet 25)

I.Samoa Taïti Borabora I.Tuamotou

15 Mars.26

I.Wallis (Sept.-Dec.26)

Tropique du Capricorne

V.lles Hébrides

Mangareva

I.Rapa (20Sept.25) I. de Paques

Ascension (11 Mai 28)

Ste Hélène

PACIFIQUE ATLANTIQUE

30°

ERBAULT
DE

.... A travers l'Atlantique.
- - - A la poursuite du soleil.
——— Sur la route du retour.

90° 0°

For EU product safety concerns, contact us at Calle de José Abascal, 56–1°,
28003 Madrid, Spain or eugpsr@cambridge.org.